Luigi Gedda

IMMAGINE DI MARY

Introduzione
di padre Cristoforo Bove, ofmconv.

SAN PAOLO

Edizione a cura del Postulatore
P. Lucio Migliaccio, omd

Piazza Soncino, 5 - 20092 Cinisello Balsamo (Milano)
www.edizionisanpaolo.it
Distribuzione: Diffusione San Paolo s.r.l.
Corso Regina Margherita, 2 - 10153 Torino

INTRODUZIONE

Maria Gedda (1906-1985): esperienza altissima dello spirito getsemanico, donna e profeta appassionata della Chiesa e della verità, contemplativa nella sofferenza personale e nella testimonianza di attenzione al dolore dei fratelli; operaia di Cristo!

Alla sua morte (1985), quasi riposo di un'aquila, che aveva planato per l'intero crinale della penisola italiana, fino ad allungare lo sguardo oltre le frontiere, molti sollevarono le menti e gli occhi al cielo, dove i traccianti luminosi della sua esperienza spirituale avevano disegnato sentieri, aperte carraie, spalancate forre, dalle quali continuavano a sibilare i venti del suo magistero spirituale.

«Quando mia sorella morì – ricorda il professore Luigi Gedda – provvidi alla stampa di immagini-ricordo, ma non bastarono. Chi ne riceveva ne chiedeva altre rievocando i rapporti avuti con lei, preziosi e indimenticabili»[1].

Per saturare questi vuoti ed estinguere questa sete Luigi Gedda, a due anni dalla morte della sorella, diede alle stampe il suo personale ricordo *Immagine di Mary*: una memoria dove biografia e autobiografia si compongono in una rapsodia sfrenata, serrata, allusiva di una comunione spirituale, sperimentata nella carne e nelle profondità ideali che, a tratti, si fanno struggenti.

La ricordata *Immagine di Mary* è esaurita da tempo, ma il suo ricordo continua a rinfocolare di nostalgia conoscitiva giovani e adul-

[1] L. Gedda, *Immagine di Mary*, AVE, Roma 1987, p. 5.

ti di ogni estrazione sociale, attratti da quella inestinguibile ricerca della verità, dall'indomita fedeltà alla santa madre Chiesa, che hanno acceso, intorno a Maria Gedda, l'alone e la fama della santità cristiana.

Padre Lucio Migliaccio, omd, amico spirituale dei Gedda fin dalla giovinezza, e ora postulatore della causa di canonizzazione di Maria, ha pensato bene di riproporre nuovamente la ricordata biografia; e ha voluto onorarci di introdurla, dato che il 23 giugno 2000 siamo stati nominati relatori della causa dal congresso ordinario della Congregazione delle Cause dei Santi. Il fatto risponde a un bisogno conoscitivo molto diffuso nel popolo di Dio, ma anche perché si allungano i tempi per la compilazione di una *biografia documentata*, finalizzata alla discussione della Consulta Teologica della Congregazione delle Cause dei Santi che, un giorno, dovrà pronunziarsi sull'eroicità dell'esercizio delle virtù cristiane da parte della serva di Dio Maria Gedda.

1. I primi passi della causa di canonizzazione di Maria Gedda (1990-2005)

Già in vita Maria Gedda si era distinta per una profonda partecipazione allo spirito getsemanico; dopo la morte la sua figura andò sempre più illuminandosi, in modo tale che l'ordinarietà della sua vita cominciò a essere percepita come straordinaria, per le tensioni ideali e il radicato senso cristiano delle sue scelte, esperito in una costanza, che da sola dipinge di eroismo l'intero telaio esistenziale. Da questa feritoia ermeneutica si cominciò a rileggere i suoi scritti e la stessa vita; si intraprese una sistematica raccolta di memorie e testimonianze, finalizzata all'introduzione della causa di canonizzazione.

A seguito del *Supplex libellus* indirizzato, il 22 novembre 1990, al cardinale Ugo Poletti, vicario di Sua Santità, dal padre Carlo Lizarraga, cp, nominato l'11 febbraio 1990 postulatore della causa di beatificazione della serva di Dio Maria Gedda, e previo benestare della Conferenza Episcopale del Lazio in data 16 aprile 1991, l'inchiesta diocesana si è tenuta a Roma in sessantuno sessioni dal 6 marzo 1992 al 31 ottobre 1995.

Il tribunale ha provveduto all'ascolto di quarantaquattro testi, tra i quali: due cardinali, quattro monsignori, due sacerdoti, sei religiose, sei laiche e ventiquattro laici, il primo dei quali è il professore Luigi Gedda, fratello della Serva di Dio. L'attuale postulatore della causa è il ricordato padre Lucio Migliaccio[2].

2. *Luigi Gedda: uomo di preghiera, scienziato, italiano*

«Un grande italiano. Da cattolico seppe costruire la democrazia» (Andrea Riccardi). Gedda è soprattutto l'uomo del 1948! Quella temperie di fede e impegno politico, segnata dalla fondazione dei "Comitati civici" e dalla capillare presenza dei cattolici, rinverditi a una nuova e più lucida coscienza della loro partecipazione al certame sociale. Ma Gedda non è tutto qui!

Febbraio 1948 : «Gedda! bisogna salvare l'Italia dai comunisti. Mi fido di lei» (Pio XII).

Sull'onda di un mandato così autorevole nascono i Comitati Civici, quell'imponente sostegno alla Democrazia Cristiana di Alcide De Gasperi, contro il "Fronte Popolare" del PCI di Palmiro Togliatti e del PSI di Pietro Nenni, nelle elezioni del 18 aprile 1948.

Nell'autunno del 1948 Gedda convoca a Roma, davanti a Pio XII, trecentomila «baschi verdi», i giovani di Azione Cattolica, che compiono ottant'anni dalla loro fondazione, e trecentomila «baschi ruggine», le ragazze che celebrano i trent'anni: «una mobilitazione di massa mai sperimentata nel mondo cattolico!»[3].

Luigi Gedda nasce ad Alberoni (Venezia) da genitori piemontesi il 23 ottobre 1902; a 14 anni rimane orfano della madre, cresce a Torino dove si laurea in medicina (1927), ottenendo la libera do-

[2] Romana, *Beatificationis et canonizationis servae Dei Mariae Gedda. Summarium testium et documentorum*, Romae 2000.

[3] In occasione del primo centenario della nascita di Luigi Gedda (1902-2002) si celebrò un convegno commemorativo, denso di testimonianze: Aa.vv., *Luigi Gedda, operaio di Cristo*, Edizioni Orizzonte Medico, Roma 2003, pp. 212, con accluse le risonanze della stampa.

cenza universitaria in patologia medica (1933). Entra subito nell'Azione Cattolica, della quale diventa presidente prima a Novara (1929) poi a Torino (1932-1934), tra i gruppi piemontesi, motivati e compatti, capaci di resistere alle aggressioni fasciste del 1931.

Pio XI, il papa dell'Azione Cattolica, nel 1934 lo chiama a Roma dove, vent'anni dopo, primo in Italia, insegnerà genetica medica all'università, e il 22 novembre lo mette a capo della GIAC, nominandolo presidente. Nel tentativo di catturare l'ossequio dei cattolici al regime fascista con l'Opera Nazionale Balilla, papa Ratti e Gedda, nell'udienza dell'11 dicembre 1934, guardarono all'Azione Cattolica come a una forza numerica e morale, capace di aggregarsi come consenso popolare autonomo, ispirandosi ai valori della dottrina sociale della Chiesa.

Allo scopo Gedda chiama a Roma gli uomini migliori: da Novara, Giulio Pastore e Paolo Bonomi, che fonderanno la CISL e la Coldiretti; da Torino, Carlo Carretto e Agostino Maltarello; dalla Basilicata Emilio Colombo, come segretario generale, che, più tardi, sarà esponente di spicco nella Democrazia Cristiana, ministro e Presidente del Consiglio.

Lo stesso Gedda dirige l'Azione Cattolica per ventisette anni, nel 1957 l'Associazione tocca i tre milioni e mezzo di iscritti, quando Gedda è già entrato, come fondatore, nella Società Operaia per l'Evangelizzazione della Gioventù (1944), legata alla spiritualità del Getsemani, che realizza due centri di esercizi spirituali: a Casale Corte Cerro (Novara) e a Paestum (Salerno).

Nel 1950, per l'anno santo, porta a Roma ventimila amministratori locali; nel 1954 fonda l'istituto "Gregorio Mendel" per lo studio dei gemelli e, con i suoi allievi, scrive oltre settecento contributi scientifici, fino a diventare, *honoris causa*, membro della Pontificia Accademia per la Vita.

Con l'avvento di Giovanni XXIII (1958-1963), e del concilio ecumenico Vaticano II, del quale è uditore laico, comincia il ridimensionamento di Gedda: finisce la Chiesa della mobilitazione! Nel 1959 aveva passato il timone al torinese Maltarello, ma continuò a seguire i Comitati. La sua vita diventa preghiera e testimonianza della diafania del volto di Dio.

3. Il testamento spirituale di Luigi Gedda (Roma, 23 ottobre 1996)

Luigi Gedda non è identificabile solo nella sua dimensione scientifica o nella passione politica; per entrare nei sotterranei del suo spirito abbiamo la lampada della sua stessa testimonianza: il testamento, appunto, scritto nel 1996, che riproponiamo, senza commento, con il rispetto e il silenzio che si addicono alla sacralità dello spirito:

> Ringrazio Dio di avermi creato e di avermi tenuto in vita fino ad oggi 1996. Lo ringrazio di avermi dato una madre esemplare la quale, essendo morta nel 1926, mi disse, sul letto di morte: "Ricordati di fare sempre il tuo dovere"; e un padre che mi volle seguire, abbandonando la sua casa di Torino, per essere con me a Roma; una sorella, poi, che non devo esaltare, dato che la Chiesa l'ha confermata "Serva di Dio" ed ora attende il giudizio della Congregazione dei Santi.
>
> E che dire di mia moglie, figlia del Meridione, la quale ha accettato tutti i miei ideali con grande generosità, risolvendo molti dei miei problemi e conservandomi un affetto che non è solo di sposa, ma anche di madre?
>
> Tutto questo io devo alla Provvidenza Divina che non ringrazierò mai abbastanza, anche per avermi concesso di servire due grandi Pontefici, Pio XI e Pio XII, come ho descritto, in parte, nel *Libro delle udienze* che mi hanno concesso.
>
> Ringrazio la Provvidenza di non essermi disorientato, quando decaddero i tempi delle mie cariche in Azione Cattolica, e di non essermi dedicato alla politica, ma alla Genetica medica e alla Gemellologia.
>
> Sono ora molto lieto di poter passare questo centro di ricerca e di cura, l'Istituto G. Mendel, alla Fondazione Casa Sollievo della Sofferenza di Padre Pio da Pietrelcina, che estenderà, d'ora in poi, il suo Sollievo anche a Roma.
>
> Ma il più grande dono che Dio mi ha fatto è stato quello di conoscere e di coltivare in me stesso e in altri la spiritualità getsemanica, scoperta nel 1940 nel convento dei Passionisti sul Celio. Mi trovavo a Roma in licenza militare, ed essendo Presidente della Gioventù Italiana di Azione Cattolica, preoccupato per la sorte dei miei giovani sparsi nei vari fronti di guerra, ne approfittai per dedicare quei giorni alla preghiera.

Fu allora, che incontrai la statua di Gesù nel Getsemani, fatta collocare da Pio XI nel giardino dei Passionisti.

La meditazione del Getsemani mi ha condotto a pensare che le nostre sofferenze sono nel tempo stesso una espiazione dei nostri peccati ed una partecipazione ai dolori sofferti da Gesù per cancellarli. Dolori di Gesù, che ebbero il loro culmine in quella tragica notte, nella quale Egli non fu ascoltato dai discepoli, ma tradito e arrestato.

Dobbiamo ripagarlo adorando il Suo Cuore, come Egli chiese a Santa Margherita Maria.

Chiudo, con questa riflessione, il mio Testamento Spirituale, scusandomi con coloro ai quali, senza volerlo, avessi procurato dolore, e ringraziando affettuosamente quanti mi hanno voluto bene e mi hanno aiutato.

Agli uni e agli altri chiedo di pregare per me.

Luigi Gedda

Roma, 23 ottobre 1995[4].

Padre Lucio Migliaccio, ricordando questi tratti spirituali del Testamento di Gedda, annota:

«Si può concludere una vita con un testamento, disponendo delle proprie cose a chi può custodirle con passione; ma come si può concludere una vita che nel riflesso dell'anima ha avuto come interesse solo la visione di Dio? Con un testamento spirituale! È quello che ci ha lasciato Luigi»[5].

Uomo di notevole intelligenza e sterminati interessi, formidabile capacità di lavoro, grande facilità di scrittura, trascinatore e organizzatore; ma soprattutto uomo di fede!

4. Il valore della biografia di Luigi Gedda sulla vicenda umana e spirituale della sorella Maria

Gedda scrive della sorella nel 1987, quando ha 85 anni!

La memoria è ancora artigliata ma i ricordi si stemperano in

[4] La trascrizione del testamento è nostra, dall'originale riprodotto, in autografo, da L. Migliaccio, *Spiritualità di Gedda*, in *Luigi Gedda, operaio di Cristo*, pp. 63-66.

[5] L. Migliaccio, *La spiritualità di Gedda*, in *Luigi Gedda, operaio di Cristo*, p. 62.

una nebbia luminosa, dove si fa fatica a reperire il tratturo cronologico.

Questo limite congenito, se da un punto di vista critico ci sorprende e ci delude, ci introduce, però, a una più articolata comprensione e collocazione ermeneutica della traccia biografica. Si possono stratificare tre livelli di approccio, dove alla caverna oscura si alterna sempre uno squarcio luminoso, che introduce al senso vero e profondo della intera compagine biografica:

– *Storico-simbolico*: sotto i veli di un racconto storico, in realtà Gedda ci apre alla simbologia della sua stessa comprensione di Maria; si fa fatica, infatti, a discernere i nuclei propriamente storici dalle trasfigurazioni allusive, specialmente quando Gedda parla dell'infanzia e della giovinezza della sorella. *Immagine di Mary*, sotto questo profilo, appare piuttosto come una funambolica autobiografia di Luigi Gedda, scritta in controluce alla vicenda umana della sorella.

– *Mistico-tipologico*: sotto lo scritto di Gedda si raccoglie uno spirito in estasi dinanzi alle meraviglie di Dio, operate nella vita di sua sorella; un'estasi adorante del mistero di Dio, compiuto nell'incarnazione getsemanica della spiritualità di Maria. Sotto questo aspetto la biografia, in sé stessa, si configura come chiave ermeneutica della storia umana, segnata dalla tensione al soprannaturale. Maria, infatti, appare luminosa e densa di rivolta, profeta e sofferente, orma del divino nel contingente della storia: una mistica, appunto! Operaia nella vigna del Signore! Operaia di Cristo.

– *Autobiografico-testimoniale*: chi intraprende la lettura di *Immagine di Mary*, deve essere avvertito che di Mary troverà molto poco: la stretta carraia, nella quale si risolvono avvenimenti e situazioni, è piuttosto un tratturo autobiografico di Luigi Gedda che, dall'alto dei suoi 85 anni, legge e trasfigura, memorizza e allude, intreccia e ripete, ritorna e rimanda, in una sarabanda musicale, dove il commento è squisitamente autobiografico. Luigi Gedda parla di sé mentre, estatico, ammira la storia umana della sorella. Per questo la lettura di una tale biografia appartiene agli "iniziati", a coloro, cioè, che già conoscono Maria Gedda; e, in questo visibilismo autobiografico del fratello, sono invitati a penetrare oltre il mistero della sua stessa corticalizzazione esistenziale.

5. Rilievi conclusivi

Per noi, che da anni stiamo alle prese con una ingente massa documentale, allo scopo di approntare e redigere una biografia documentata di Maria Gedda, lo scritto di Luigi, pur luminoso e denso, serve poco, perché manca di qualsiasi documentazione critica; perciò lo consideriamo una testimonianza altissima, quella di un uomo di fede che legge il mistero di Dio nell'estasi di quella passione getsemanica, che unì, in simbiosi di lavoro e ideali, l'uno all'altra.

Lo stile è rapido, struggente, dai colori della nostalgia, intriso e cullato dal severo ambiente torinese, ma anche nuotante nell'assolata mistica della Città Eterna, dove la loro lunga permanenza si irrobustì di amore e fedeltà alla santa madre Chiesa e al papa.

Quelli, che hanno conosciuto e amato Maria Gedda, come anche coloro che si posero in cammino sui sentieri sommossi di Luigi Gedda, troveranno in questo scritto:

– *un uomo in adorazione* del mistero divino, le cui orme appaiono visibili e fresche nella ieratica figura di Maria;

– *una donna operosa*, trasfigurata dal ricordo, quasi estasi di un vegliardo che, per lei, fu fratello, amico, sposo e discepolo;

– *una meditazione commossa* su di un'esperienza umana, segnata dall'irruzione dell'Assoluto, visualizzato nel mistero della sofferenza umana. Ma anche l'immagine di una donna solitaria, perché più ci si avvicina a Dio e più si percepisce di essere soli dinanzi al mistero: l'Infinito della solitudine!

Padre CRISTOFORO BOVE, ofmconv.
relatore della causa di canonizzazione
della Serva di Dio Maria Gedda (1906-1985)
presso la Congregazione delle Cause dei Santi

PRESENTAZIONE DELLA PRIMA EDIZIONE

Quando mia sorella morì provvidi alla stampa di immagini-ricordo ma non bastarono. Chi ne riceveva ne chiedeva altre rievocando i rapporti avuti con lei, preziosi e indimenticabili.

Per questo ho ritenuto doveroso passare dall'immagine figurata all'immagine descritta di Mary, quale fu per molti e soprattutto per me.

A due anni dal transito di Mary, consegnando il suo profilo biografico all'Editrice Ave, che ringrazio, ho la sensazione che il mio lavoro di ricucitura di testimonianze altrui sia incompleto. Me ne scuso con il lettore e lo invito, con quanti ricordano pensieri e avvenimenti che riguardano Mary, o conservano dei suoi scritti, di volermene informare. Così potrà allargarsi il cerchio di bene che Mary continua ad alimentare attorno a sé.

E ripeto anche qui la frase di san Gerolamo ad Eustachia per la morte della madre che ho stampato sull'immagine-ricordo: «Non piangiamo perché l'abbiamo perduta, ma rendiamo grazie perché l'abbiamo avuta, anzi perché l'abbiamo».

L. G.

Piazza Galeno, 5 - Roma

1

PRIMA GIOVINEZZA

La famiglia di Mary Gedda è piemontese perché deriva da Pecco, un paese arroccato sulle colline che circondano Ivrea. Lo è doppiamente perché mamma era una Calderoni nata a Casale Corte Cerro, nella provincia di Novara, paese nel quale molte famiglie portano questo cognome. I nostri nonni paterni e materni si erano trasferiti dalla provincia nella capitale, a Torino; Antonio Gedda per gestire un panificio in via San Massimo e Giuseppe Calderoni un negozio di mercerie nella piazza del Municipio insieme al fratello Bartolomeo.

Fu a Torino che papà Giacomo e mamma Marianna si conobbero e si sposarono il 15 aprile 1900, ma dovettero trasferirsi a Venezia il 1° dicembre di quell'anno perché il ragioniere Gedda era ispettore alle dogane e i superiori lo destinarono alla Bocca di Malamocco per ispezionare le navi che entravano e uscivano dalla laguna. Io nacqui in località Alberoni e così ebbi la fortuna di venire al mondo nella diocesi di Venezia, quando ne era patriarca Giuseppe Sarto, il futuro san Pio X.

Dalla frontiera marittima papà fu trasferito a quella italo-francese di Modane, ossia all'imbocco nord della galleria del Frejus dove operano due dogane, francese e italiana. Il trasferimento avvenne il 1° dicembre 1903 e fu qui, precisamente a Modane-Fourneaux, che nacque Mary Gedda il 25 agosto 1906.

Io avevo allora quattro anni e ricordo che la nascita di Mary avvenne in un momento difficile perché un'alluvione aveva fatto straripare il torrente Arc e riempito di acqua e fango l'unica strada che correva sul fondo valle.

La medicina insegna che il periodo di gravidanza è delicato e prescrive alla madre un tenore di vita tranquillo a protezione della creatura che deve nascere. Per questo penso che una causa lontana, ma non indifferente delle molte lunghe malattie sofferte da mia sorella può essere riferita a quel periodo agitato, vissuto da mamma durante la sua seconda gravidanza.

Modane appartiene alla diocesi di Chambery legata al ricordo della Sindone che i Savoia conservarono a lungo in quella città dove la preziosa reliquia corse pericolo di essere distrutta da un incendio di cui porta molti segni come affumicature e rattoppi. Noto questi particolari perché, come dirò in seguito, Mary ebbe la fortuna di vegliare una notte presso la Santa Sindone.

Nel 1908-1909 mio padre chiese e ottenne di essere trasferito a Torino dove abitammo nel quartiere nuovo e significativo di via Cibrario, dominato da un altissimo campanile voluto e disegnato da un santo, tanto virtuoso quanto singolare, ufficiale dell'esercito sabaudo ai tempi delle guerre dell'indipendenza e poi sarcerdote, fondatore di varie opere, fra cui un istituto di suore educatrici, un pensionato per signore, un centro di raccolta e formazione per domestiche. Questo personaggio, il servo di Dio abate Francesco Faà di Bruno, del quale il cardinale Palazzini ha scritto recentemente un'ampia biografia[1], è caratterizzato dal rilievo che egli diede alla necessità e al dovere di suffragare i soldati che muoiono in guerra. Questo pensiero si radicò nella sua mente quando fu militare combattente e lo portò a costruire una chiesa dedicata a Nostra Signora del Suffragio; anche questa, come il campanile annesso, da lui disegnata. Quando si giunse a Torino da Modane, mia sorella fu avviata alle Suore del Suffragio per le scuole elementari e in quella chiesa si accostò per la prima volta alla santa comunione il 27 marzo 1913, quando io frequentavo il ginnasio.

Nella nostra famiglia, che sembrava definitivamente sistemata a Torino, i nostri genitori si preoccupavano a fondo dell'educazione

[1] P. Palazzini, *Francesco Faà di Bruno, scienziato e prete*, Roma 1980.

dei figli e dei rapporti con i nostri nonni quelli paterni che si trovavano in località Campidoglio, a breve distanza dalla nostra abitazione, e quelli materni che vivevano a Casale Corte Cerro dove anche noi trascorrevamo l'estate.

Papà, occupato nella dogana della stazione di Porta Nuova, dedicava ai figli il suo tempo libero facendoci spesso visitare i monumenti e i musei di cui è ricca la città sabauda e specialmente il Museo Egizio e di arte antica allestito dallo Schiapparelli. Il suo zelo di funzionario intelligente e vigile, lo condusse al sequestro di un'antica biga romana spedita a Londra di cui si occuparono i giornali della città (*La Stampa*, 16 marzo e 27 marzo 1910; *La Gazzetta del Popolo*; 16 marzo 1910, *Il Momento*, 17 marzo 1910).

Riporto quanto ne scrisse la *Gazzetta del Popolo*, perché l'episodio qualifica, più delle parole, la mentalità di nostro padre:

> Alcuni giorni or sono un certo signor Fuschini Domenico di Orvieto faceva scaricare da un vagone nella stazione di Porta Nuova una grande cassa giunta dalla sua città per farne eseguire il trasbordo in altro carro di un treno della linea di Francia e farla proseguire, come bagaglio, per Londra, dove era diretta. Sulla cassa di legno bianco, erano state applicate striscie di carta nelle quali si leggevano a grandi caratteri: "Arredi teatrali". Nacque una contestazione fra lo speditore e l'amministrazione ferroviaria, la quale dato il volume della cassa, si rifiutava di concedere la spedizione come bagaglio. Il Fuschini, accalorandosi, insisteva dicendo che, trattandosi di effetti teatrali, non aveva mai incontrato tali opposizioni.
>
> Per caso la cassa, oggetto della disputa, era stata depositata proprio vicino all'ufficio di dogana, e all'ufficiale di servizio alla stazione, il ragioniere Giacomo Gedda, parve che l'insistenza del Fuschini fosse eccessiva. Egli subodorò che in quella cassa fossero rinchiusi oggetti d'arte antica, che con abile manovra – la spedizione per bagaglio che è esente dalla visita doganale – si volessero trafugare all'estero sottraendoli alla vigilanza della dogana alla frontiera sulle merci in uscita.
>
> Il ragioniere Gedda intervenne e coadiuvato dal Capo stazione principale di P.N. [Porta Nuova] fece fermare la cassa sospetta. Il Fuschini protestò, ma senza risultato, e dovette rassegnarsi a vedere trasportare la sua cassa al Museo d'antichità dove venne aperta... Gli "arredi teatrali" erano una biga romana in bronzo.

Nella casa di via Cibrario aleggiava come un profumo lo spirito di mamma alimentato da alcuni libri di meditazione (le «Paillettes d'or») che riceveva dalla Francia e trasformava in pratiche e usanze vissute, come la recita del santo rosario alla sera quando la famiglia era riunita e la delicatezza di farci bere alcuni sorsi d'acqua prima di consumare il cibo quando si partecipava all'eucarestia.

Figura dolce e amatissima che ho spesso riscoperto nelle caratteristiche psicologiche di Mary, la mamma si congedò da me sul letto di morte con queste parole: «Fai sempre il tuo dovere», dimostrando come il suo temperamento comprensivo e affettuoso fosse sostenuto, come lo fu in Mary, da una coscienza illuminata e severa. Marianna Gedda-Calderoni morì a soli 37 anni di età il 30 gennaio 1916; sull'immagine mortuaria vengono riportate queste sue parole: «Se Gesù così vuole, perché non lo voglio anch'io?». Fra i ricordi della mamma che conservava con molta cura, mia sorella scoprì un fascicolo scritto a mano che ci ha rivelato il filo conduttore della sua spiritualità.

Questo piccolo quinterno porta come titolo: *Norme per passare un'ora intera davanti al SS. Sacramento* e il testo comincia con l'avvertenza: «Un'ora intera davanti al SS. Sacramento può talvolta sembrare molto lunga, ma basta dividerla con un certo metodo, perché essa scorra senza fatica e senza noia lasciando nell'anima la dolce soddisfazione d'aver tenuto compagnia a Gesù per lungo tempo. Non è vero che voi sareste afflitti se Egli vi indirizzasse quel rimprovero che faceva agli Apostoli.: "Non potete vegliare un'ora con me?"».

Il testo continua essendo diviso in quarti d'ora e ciascun quarto in cinque minuti; nei primi cinque minuti del terzo quarto d'ora si legge: «Ascoltate, è Gesù che parla: "Mia figlia, poiché tu vuoi consolarmi, convertiti, fatti santa, comincia oggi ad accettare in espiazione dei tuoi peccati e in riparazione degli oltraggi che mi si fanno, le pene che io ti manderò. Non lagnarti, non mormorare, di' con me, io te lo permetto: 'O Padre, se è possibile fate che si allontani questo calice', ma aggiungi sempre si faccia la vostra e non la mia volontà. Poi adora, benedici, ama tutto ciò che io permetto"» e soggiunge: «Recitate una decina di Rosario in spirito di accettazione».

Ritrovando questo prezioso manoscritto, Mary lo chiuse in una busta sulla quale scrisse: «Ora Getsemanica-mamma» e quando divenne redattrice della rivista *Tabor* lo pubblicò *per extenso* (cfr. *Tabor* 1980, n. 5-6, p. 24).

Quando nostra mamma morì mia sorella aveva poco più di nove anni, troppo giovane per rendersi conto delle conseguenze che quella morte poteva causare nella nostra vita. Mary era come smarrita e continuava a ripetere: «Mamma non c'è più».

Un anno dopo la scomparsa della mamma moriva in Granada (Nicaragua) suor Teresa Gedda, sorella di nostro nonno Antonio che appartenne al primo gruppo delle sei suore salesiane missionarie le quali si imbarcarono a Genova il 14 novembre 1877 accompagnate fino al piroscafo da don Bosco e dalla fondatrice della congregazione Suor Maria Mazzarello.

Preferisco lasciare alla penna di Mary un riassunto della intensa vita di suor Teresa da lei scritta in anni recenti che riporto in nota[2]

[2] Suor Teresa Gedda è nata a Pecco (Ivrea) il 17 gennaio 1853, sesta di otto figli. A 23 anni il 9 dicembre 1876 entra a Torino, per farsi religiosa, nella Casa di Valdocco delle Figlie di Maria Ausiliatrice. Il 3 settembe 1877 fa la prima professione a Torino: 5 giorni dopo Don Bosco comunica alle religiose che esse pure possono diventare missionarie. Quasi tutte chiedono di partire. Ne vengono scelte sei fra le quali Suor Gedda e il 14 salpano da Sampierdarena accompagnate fino a bordo del "Savoie" da Don Bosco e da Madre Mazzarello. Rio de Janeiro è infestata dalla febbre gialla e dato che il "Savoie" vi aveva fatto sosta, le Missionarie devono fare 9 giorni di quarantena nell'isolotto di Flores prima di sbarcare a Montevideo (Uruguay) nella novena di Natale, ospitate dalle Visitandine sino al 3 febbraio 1878, quando si trasferirono a Villa Colón dove Suor Teresa inizia il suo apostolato fra la gioventù fino al 1891, dopo aver fatto la professione perpetua in Almagro (Argentina) il 28 gennaio 1893. Dal febbraio '92 al '94 Suor Teresa è Vicaria nel Collegio di Las Piedras (dintorni di Villa Colón). Dal 1894 al 1900 è contemporaneamente Assistente di parlatorio-Economa-Infermiera al Collegio "Scuola-Laboratorio di Maria Ausiliatrice" di Montevideo. Nel settembre del 1900 parte con Suor Catelli per l'Italia. In ottobre con profonda gioia e commozione sua e di quanti incontra, rivede la patria, i parenti, le consorelle nella nuova Casa di Nizza Monferrato. Ma il soggiorno in Italia è molto breve. «Oh, Suor Teresa, sapete che è proprio il Signore che vi ha mandato», le dice Don Rua, il successore di Don Bosco, quando Suor Teresa va ad ossequiarlo. «Non sapevamo come trovare la Direttrice per una nuova Casa del Messico... E possiamo partire anche subito, vero?». E Suor Teresa: «Sono sempre figlia dell'obbedienza». Nell'Uruguay, però, la notizia del cambio di Suor Teresa «la miglior Sorella» fu come un terremoto. Il 26 dicembre 1900 raggiunge il Messico e dal 9 gennaio 1901 al 1906 è Direttrice del Collegio S. Vincenzo nella nuova residenza di Morelia (Messico) con l'intervallo di una seconda visita in Italia (giugno-novembre 1905) per il capitolo generale delle Suore salesiane. Il 28 febbraio 1905 rientra nel Collegio di Morelia, ma il 3 gennaio 1907 l'obbedienza la destina a Puebla come direttrice del servizio di cucina e guardaroba nel Collegio salesiano locale e vi rimane fino all'autunno del 1912 quando viene destinata alla Casa ispettorale di Città del Messico, nuo-

mentre attingo alla biografia di suor Teresa, pubblicata dal nipote don Antonio Minellono[3], quanto la suora scriveva a Clotilde sorella di don Antonio, a proposito della morte della nostra mamma:

«Cara Clotilde, che cosa ti pare della buona e cara Marianna? Come presto Gesù la volle con sé in Paradiso! Sento una pena per i carissimi bambini. Ti raccomando che se in qualche cosa tu potessi essere loro utile lo faccia ma proprio di cuore».

Dalla stessa fonte ricavo alcuni particolari che riguardano la morte di suor Teresa:

Una suora più volte le domandò: «Suor Teresa, non sente dispiacere di non vedere la Direttrice?». Essa rispose semplicemente: «Dio vuole che non la veda, ma la vedrò in Paradiso». Un'altra volta le disse: «Suor Teresa, una bella notizia! È già di ritorno la Direttrice: presto la rivedrà». Nulla rispose e il suo volto non lasciò trasparire alcun desiderio di vederla. La Suora replicò: «Non è contenta?». Ed essa: «Si faccia la volontà di Dio. La Direttrice vedrà me nella Cappella; io, invece, non la vedrò... il Signore è sempre buono». E lo ripete varie volte. Spirava il mattino del 24 marzo 1917. Alle cinque pomeridiane giungeva la Direttrice.

Mary coltivò assiduamente il ricordo di suor Teresa e ne tradusse l'esempio. Perfino la frase: «Il Signore è buono» era il suo inter-

vamente per attendere alla cucina e biancheria dei Salesiani. Intanto la Vicaria generale delle figlie di Maria Ausiliatrice in visita alle case d'America latina, le chiede: «Suor Teresa, è pronta a lasciare il Messico ed andare nel Nicaragua a Granada?». «Madre, se il buon Gesù vuole da me questo sacrificio sono pronta a fare la sua volontà». Dopo ore di viaggio in piroscafo e treno Suor Lang (Direttrice della Casa da edificare) e Suor Gedda (per pensare a tutto il resto) giungono a Granada dove Suor Teresa rimane dal 1913 al 1917, quando spirò il 24 marzo. Aveva smesso di lavorare il 18, il 19 l'Ispettore salesiano celebrò la s. Messa nella cameretta di Suor Teresa, e le amministrò l'Estrema Unzione. Poi la Suora rimane quasi sempre assopita, ma non cessa di muovere la labbra recitando le orazioni e il rosario. Anche Mons. Vescovo va a visitarla e le dice: «Il 24 faremo una bella festa in onore di Maria Ausiliatrice. E lei verrà in chiesa a ringraziare». Suor Teresa precisò: «La festa voi la celebrerete qui, io in Paradiso» e il Vescovo: «Allora andrà subito in Paradiso». «No, – rispose Suor Teresa – passerò per il Purgatorio, ma il 24 sarò in cielo». Suor Teresa entrò in agonia la notte del 22 marzo e fu un'agonia lunga, straziante, per 36 ore. Non parlava, non vedeva più, solo un rantolo faticosissimo. Spirò il mattino del 24 a 64 anni di vita dei quali 23 missionaria in Uruguay, 12 in Messico, 4 in Nicaragua. Passò ovunque come un raggio di luce. M.G.

[3] A. Minellono, *Suor Teresa Gedda, figlia di Maria Ausiliatrice*, Alba 1926.

calare quando alla sera le raccontavo le vicende delle mie giornate. Essa conservava come reliquia della zia un lembo del fazzoletto alla messicana usato da Suor Teresa negli ultimi giorni della vita e donato a Mary da suor Clelia Genghini altra figlia di Maria Ausiliatrice e compagna di missione della zia.

Ciò che suor Teresa raccomandava alla nipote Clotilde lo fece essa stessa dall'al di là guidando e proteggendo la nostra famiglia in quel difficile 1918 quando, mentre infuriava la guerra sul fronte italiano con la sconfitta di Caporetto e la resistenza sul Piave, si dovette traslocare da Torino a Milano perché nostro padre era stato trasferito a questa dogana.

Di suor Teresa Gedda due libri narrano la biografia: il primo scritto dal nipote e sacerdote Antonio Minellono, il secondo dal vescovo di Novara monsignor Vincenzo Gilla Gremigni pubblicato nel 1958 e preceduto da una lettera del rettore maggiore dei Salesiani don Ziggiotti che fra l'altro scrive: «Questo povero mondo ha bisogno di Santi e V.E. ha saputo porre sul capo di questa umile Suora – una delle mille e mille che impreziosiscono l'Istituto – l'aureola luminosa della santità salesiana, fatta di pietà, lavoro, apostolato in cristiana letizia»[4].

La tomba di suor Teresa Gedda si trova nel cimitero di Granada (Nicaragua) che Mary visitò nel 1962.

[4] G. V. Gremigni, *Una missionaria salesiana. Suor Teresa Gedda*, Torino 1958.

2

MILANO MONFORTE

Il duomo di Milano rivolge al cielo le sue guglie sulle quali sembrano raccogliersi le molte strade che giungono alla piazza per unificarsi nella stele più alta che porta, come faro e parafulmine, la Madonnina d'oro.

Fra le strade che sventagliano verso oriente vi è un corso che, a largo San Babila, prende il nome di corso Monforte e, oltrepassata l'antica cintura del naviglio, giunge a viale Piave, dove si allarga con strade e piazze per comporre il rione Monforte.

Il messaggio che il rione Monforte manda alla Madonnina del duomo è quello del Cuore di Gesù al quale è dedicata una grande chiesa moderna affiancata da un convento, sede provinciale dei Cappuccini. In questo tempio, la pala che sovrasta l'altare maggiore, dipinta nel 1879 da Raffaele Casnedi (1822-1892), raffigura, in primo piano, l'apparizione di Gesù Cristo a santa Margherita Maria Alacoque quando le mostrò il suo Cuore fasciato di spine, trafitto e le disse: «Vedi il Cuore che ha tanto amato gli uomini e non è riamato».

In secondo piano, sull'alto, vi è l'immagine di san Francesco d'Assisi che appare genuflesso, con le braccia sollevate come di chi è colto da sorpresa, ammirazione, gioia e con la stigma del costato in evidenza.

Con le visioni di santa Margherita Maria nel convento di Paray le Monial nasce nel Seicento il culto della Chiesa al Sacro Cuore, ossia al sentimento dell'amore che, in forme diverse, caratterizza l'intimità di ogni uomo e nell'Uomo-Dio raggiunge la sua massima ed esemplare manifestazione. Chi ama desidera di essere ricambiato, e Cristo lo fu dai santi, ma non a sufficienza da parte dei cristiani per cui volle manifestare a quella suora il suo rammarico.

Tutti i santi, noti e ignoti, non attesero Paray le Monial per amare Cristo e spesso lo fecero a costo della vita. Ma fra tutti si era distinto nel secolo XII un laico, Francesco d'Assisi così innamorato di Cristo da anticipare nella sua esistenza quell'amore ricambiato che Cristo stesso avrebbe chiesto a santa Margherita Maria Alacoque quattro secoli dopo ricordando che il vertice del suo amore per l'uomo Egli lo visse nella notte del Getsemani.

Due episodi dimostrano, in modo particolare, l'amore di Francesco per il Cristo: l'invenzione del presepio, che semina l'amore di Gesù nel cuore dei piccoli e dei grandi; le stimmate, che trafiggono Francesco sulla Verna e lo immedesimano con l'umanità straziata e salvifica del Rendentore.

Questo linguaggio di amore deificante fu l'atmosfera nella quale entrò Mary durante la sua permanenza a Milano. La nostra famiglia giunse a Monforte nell'autunno del 1919 e vi rimase per sei anni all'indirizzo di viale Concordia 10, al quinto piano di una casa oggi demolita.

Arrivati a Milano un anno prima, quando l'Italia era in festa per la fine della guerra e la vittoria di Vittorio Veneto, vi giungemmo in quattro perché nostro papà si era risposato ed era stato trasferito, come si è detto, dalla dogana di Torino a quella di Milano. Abbiamo vissuto quasi accampati in un alloggio di via Bocchetto, vecchio e angusto, ma provvidenziale perché ci permise di conoscere storia, persone e cose dell'antica Milano, nelle adiacenze del duomo all'epoca del santo cardinale Ferrari.

Vi rimanemmo fino a quando papà trovò l'alloggio definitivo nel rione Monforte. Il breve soggiorno in via Bocchetto segnò per Mary l'inizio del ginnasio e per me del liceo presso l'Istituto Alessandro Manzoni. Continuando a studiare in classi diverse del medesimo Istituto fummo successivamente iscritti all'Istituto Giovanni Berchet di via Commenda nel quale, quando giunse al liceo, Mary conobbe quelli che erano stati i miei insegnanti.

Fra questi primeggiava Ugo Guido Mondolfo, professore di storia, ebreo e marxista, il quale, pur conoscendo la nostra professione religiosa, ebbe per noi molta stima e riguardo durante i dialoghi che stabiliva in aula con i suoi allievi. Dopo il ventennio, Mondolfo divenne senatore socialista della Repubblica.

Quando si abitava in via Bocchetto avevo conosciuto padre Giannantonio da Romallo cappuccino e confessore poliglotta nel duomo e questo fu il tramite per conoscere e frequentare i suoi confratelli di Monforte: padre Davide da Desenzano, padre Domenico da Origgio il guardiano, padre Donato da Malvaglio direttore di *Annali francescani*, padre Teofilo da Santo Stefano Arno e molti altri. Particolarmente vicino a Mary e suo direttore spirituale fu padre Felice da Desenzano che si occupava dei ragazzi francescani o «Cordigeri», il quale affidò a Mary la direzione delle Cordigere. La vita associativa delle Cordigere, che si svolgeva in via Kramer in un edificio attiguo al convento, fece conoscere a Mary molte ragazze del rione, per cui nacquero tanti rapporti che durarono nel tempo.

Ho cercato, con rapidi cenni, di ricostruire l'ambiente di Monforte sia intellettuale a motivo della cultura appresa nella scuola media, sia spirituale sotto l'aspetto della devozione al Sacro Cuore e della conoscenza di Francesco d'Assisi, perché ebbe un'influenza determinante sull'anima di Mary.

Per la formazione delle sue Cordigere Mary diede inizio a un'Opera che promosse anche altrove, chiamata Piccola Opera di Santa Chiara d'Assisi.

L'iniziativa si rifaceva alla storia della santa, di origine nobiliare e divenuta discepola di san Francesco, la quale nel 1243 quando i saraceni, a servizio di Federico II di Svezia, avevano assediato Assisi, pur essendo inferma, si fece condurre alla porta del monastero con il tabernacolo che racchiudeva Gesù sacramentato, e gli assalitori che si erano spinti fino al sacro recinto, come fulminati da una forza misteriosa, precipitosamente lo abbandonarono.

Questo episodio spesso narrato dai Cappuccini di Monforte, ispirò a Mary la fondazione della Piccola Opera che richiedeva agli iscritti l'adorazione eucaristica quotidiana di almeno quindici minuti in ora prefissata.

Fra le Cordigere che facevano capo a Mary vi era la primogenita di Alberto e Maria Beretta che abitavano a Monforte ed ebbero dodici figli nell'ordine: Amalia detta Jucci, Davide, Francesco, Rosa, Ferdinando, Zita, Giuseppe, Gianna, Virginia, Guglielmina e Anna Maria. Ferdinando è medico; Enrico è sacerdote cappuccino; Zita vive con Giuseppe, sacerdote della diocesi di Bergamo; Virginia è suora canossiana; Gianna, che si laureò in medicina, sposò l'ingegnere Pietro Molla di Magenta. Gli altri fratelli e sorelle morirono al tempo dell'influenza detta «la spagnola» o altrimenti.

Il rapporto di Mary con la famiglia Beretta merita di essere privilegiato per la sua vastità, intensità e per i frutti che ha prodotto. Jucci Beretta, di pochi anni più giovane di Mary, fu il suo aiuto e la sua confidente nel gruppo delle Cordigere e si mantenne in costante rapporto con lei durante la sua lunga malattia vissuta in famiglia e in sanatorio, fino alla morte avvenuta il 22 gennaio 1937. L'epistolario di Mary con la Jucci è un documento importante per seguire la storia dell'anima di Mary e me ne servirò in seguito.

Ora invece mi soffermo sulla figura della Gianna, appena nata quando lasciammo Milano, la quale crebbe nell'atmosfera di quella splendida famiglia cristiana e della spiritualità che aleggiava fra i devoti del tempio del Sacro Cuore. Di essa si parla spesso nella corrispondenza di Mary con la Jucci, come spesso la Gianna parlava di Mary con suo marito.

Gianna Beretta in Molla è ben nota nella Chiesa italiana perché, «nella quarta gravidanza, nel settembre 1961, un grosso fibroma all'utero l'obbligò a decidersi per un intervento chirurgico pur conoscendo tutti i rischi che l'attendevano e l'ineluttabilità del dilemma formulato dai medici: o salvare se stessa o salvare la creatura che già portava in grembo [...], sentendo vicina l'ora del parto, disse al marito: "Scegliete, e lo esigo, il bimbo. Salvate lui" [...]. Il 21 aprile 1962 nacque la sua quarta creatura e mamma Gianna pagò il suo eroico meditato sacrificio morendo sette giorni dopo».

Così scrisse la Conferenza Episcopale Lombarda nella lettera postulatoria perché fosse iniziata la causa di beatificazione che fu avviata da Giovanni Paolo II il 15 marzo 1980[1].

[1] Fernando da Riese Pio X, *Gianna Beretta Molla, medico, sposa e madre*, in *L'Osservatore Romano*, 13 maggio 1987.

Prima ancora, Paolo VI nell'*Angelus* domenicale del 23 settembre 1973 la indicava ai fedeli raccolti in piazza San Pietro a Roma come «un'eroica madre della diocesi di Milano che per dare la vita al suo bambino sacrificò, con meditata immolazione, la propria». L'eroismo di Gianna si inquadra assai bene nella dottrina dell'amore insegnato dal Sacro Cuore di Gesù con il suo esempio e le parole rivolte a santa Margherita Maria Alacoque.

In altro modo, ma sulla medesima direttrice di chi conosce l'amore del Cuore di Gesù, cerca di ricambiarlo e di approfittarne perché altre persone siano salvate, la spiritualità di Mary era andata sviluppandosi. Fu l'epoca nella quale comprese che l'eucarestia avrebbe dovuto essere il suo pane quotidiano. Al rosario quotidiano che la mamma ci aveva insegnato si aggiunse il piccolo Ufficio della Beata Vergine che recitavamo assieme ogni sera.

Quello di Mary non fu l'itinerario folgorante consumato da Gianna nel volgere di nove mesi, ma un'ascesi graduale come di chi sale un monte e vede aprirsi dinanzi agli occhi un panorama sempre più vasto, e lo conquista camminando verso l'alto e con amore.

Distacco doloroso per Mary fu quello di dover abbandonare Milano non appena ebbe conseguita la maturità classica. Nostro padre infatti, nominato ispettore principale delle dogane, era stato nuovamente trasferito a Torino.

Essendo la vita spirituale un bene diffusivo, ricorderò ancora, di quel periodo, la figura di un cappuccino laico, fra Cecilio Maria Cortinovis da Costa Serina che correva ciabattando nel chiostro per aprire la porta quando Mary suonava la campanella del convento di viale Piave n. 2. Copia conforme del manzoniano fra Galdino, non raccoglieva delle noci ma i denari per la minestra che distribuiva personalmente ai «barboni» della città. E ne raccolse molti, tanti da costruire un refettorio per i poveri nell'orto del convento.

Fu scritto di fra Cecilio che nella sua lunga vita «sempre udì la presenza del Signore Iddio che passeggiava per il giardino alla brezza del giorno e mai si nascose dalla faccia del Signore Iddio». Infatti anche dopo il peccato d'origine Dio visita continuamente il luogo che ha creato per gli uomini benché il peccato ereditato annebbi la loro intelligenza e li renda incapaci di controllare il disordine della loro volontà.

Solo i santi riescono a superare questa fragilità, acquistano confidenza e trattano con Dio che passa, familiarmente, come fra Cecilio. Sono sue le parole scritte dopo un corso di esercizi spirituali: «A Loreto ebbi il bene di fare i santi esercizi ai piedi della Madonna nella sua santa casa. In profonda umiltà la mia anima si sentiva unita a Lei. Ci siamo parlati intimamente, cuore a cuore. La mia anima si beava negli splendori della verginità vissuta dalla Sacra Famiglia e di quel profumo la mia anima è ancora sazia [...]»[2].

Anche di fra Cecilio, morto in concetto di santità nel 1984, fu scritta la biografia[3]. Ma ben prima, ai tempi della nostra residenza in Monforte, lo scultore Domenico Trentacoste ebbe l'intuizione che quel cappuccino fosse il modello da scegliere per il monumento da erigere a san Francesco in occasione del VII centenario della sua morte (1226-1926).

Il monumento esiste, in piazza Indipendenza, e domina il rione Monforte.

[2] Fra Cecilio Maria da Costa Serina, *Nella luce divina*, Edizioni Castelnuovo Don Bosco, 1986.

[3] A. Rainero, *La vita angelica di fra Cecilio*, Edizioni Madonna del Povero, Milano 1985.

3

GIOVINEZZA UNIVERSITARIA

Mary tornava a Torino, città da lei ben conosciuta anche per avervi sofferto la morte della mamma, con lo spirito di chi non aspetta solo di ricevere ma desidera di impegnarsi per dare agli altri il tesoro che possiede.

L'impegno che attendeva Mary era quello della vita universitaria dopo la maturità classica conseguita a Milano nel Liceo Ginnasio Beccaria perché, come è noto, questo esame doveva farsi in istituto diverso da quello nel quale si erano frequentate le classi liceali.

L'abitazione di Torino non era nuova perché in essa avevano abitato i nonni paterni Antonio e Giovanna allora defunti, ma diversa da quella precedente dove era morta la mamma. Il luogo era considerato sobborgo perché abitato prevalentemente da artigiani e operai benché chiamato, stranamente, «Campidoglio». Nella casa dove si giungeva per abitarvi, e che era di proprietà, nonno Antonio aveva voluto che ci fosse un fornaio per ricordare che anche lui era stato panettiere. Quella sua panetteria lontana nel tempo e nello spazio esiste ancor oggi in via San Massimo, ma le sue antiche abitudini erano così tenaci che spesso, per la messa del mattino, egli ritornava alla chiesa prediletta della Gran Madre di Dio, oltre Po, compiendo a piedi un percorso di circa dieci chilometri, con quella tenacia che distinse anche sua sorella suor Teresa in terra di missione, santa tenacia che abbiamo ammirato anche in Mary.

Il Campidoglio, per altro, era costituito in parrocchia dedicata a sant'Alfonso Maria de' Liguori, simpatico santo napoletano che

Mary aveva conosciuto a Monforte come autore di canzoni sacre e anche di quella preghiera: «Eccomi, o mio amato e buon Gesù,...» che aveva fatto stampare a tergo di immagini di santa Chiara perché fosse recitata nei quarti di adorazione della sua Piccola Opera.

L'università di Torino ha i suoi istituti disseminati nella città, ma la sede del Rettorato e della Facoltà di lettere alla quale Mary si iscrisse è sotto i portici di via Po, piuttosto lontano dal Campidoglio lungo quel tragitto che nonno Antonio percorreva, e di cui si è detto. L'iscrizione di Mary ai corsi della Facoltà di lettere e filosofia dell'università di Torino avvenne il 16 novembre 1925 con il nome e la firma di Gedda Maria.

Conviene fermarsi un istante a considerare perché mai, chiamata da tutti e fino alla morte «Marì», mia sorella abbia firmato i suoi documenti «Maria» e abbia cominciato a firmare la sua corrispondenza «Mary». Il nome Marì corrisponde alla pronunzia del nome francese «Marie» ricevuto al fonte battesimale di Modane e conservato nel tempo ma spesso italianizzato nella scrittura. Il nome italiano «Maria» si prestava per altro a qualche confusione dato che quello della seconda moglie di nostro padre è anch'esso Maria. Fu allora che mia sorella cominciò a lasciarsi chiamare e a firmare lettere e articoli con il nome inglese: «Mary».

Sfogliando il libretto universitario si scopre che il primo esame sostenuto da Mary il 28 giugno 1926 fu quello di letteratura latina cristiana, corso completamentare tenuto dal professore Sisto Colombo che firma l'iscrizione, la frequenza e valuta il suo esame con voti 30/30 e lode. Esame e voto che si ripete da parte del medesimo insegnante nell'anno successivo il 28 novembre 1927. Chi è il professore Colombo? Si può facilmente saperlo consultando il *Dizionario biografico* dei Salesiani di don Valentini e don Rodinò, revisionato da don Borra, edito dall'Ufficio Stampa Salesiano nel 1969. Mentre pubblico in nota[1], le notizie fornite dal *Dizionario,* aggiungo qualche informazione riguardante Mary.

[1] Colombo Sac. Sisto nato a Milano il 25 dicembre 1878, morto a Torino il 24 febbraio 1938. Insegnò lettere classiche nel ginnasio-liceo Valsalice di Torino (1914-'38), Letteratura latina nell'Università di Torino (1925-1938) e Letteratura cristiana antica nell'Università Cattolica di Milano (1934-'38). Confondatore insieme con Don Ubaldi, e redatto-

Nelle severe aule dell'università e sotto i suoi portici, quotidiano luogo d'incontro fra docenti e allievi, Mary conobbe questo salesiano che scendeva dall'oltre Po per insegnare nell'università di Stato. Egli infatti abitava nel collegio salesiano di Valsalice dove era venerato il corpo di don Giovanni Bosco e nel collegio insegnava latino e greco, avendo come preside don Antonio Coiazzi ben noto autore della biografia di Pier Giorgio Frassati.

Il rapporto di Mary con don Colombo si rafforzò e coinvolse anche me che ero al termine dei miei studi nella facoltà medica dell'università di Torino. Da questo rapporto nacque un'amicizia profonda e per noi vivificante che si tradusse in un significativo dono che, nella sua qualità di condirettore (con don Ubaldi) della collana «Pagine cristiane» della SEI, don Colombo volle farci.

Pubblicando nel 1928 la prima serie degli *Atti dei martiri* don Sisto Colombo vi stampò questa dedica «A Luigi e Mary Gedda in unione intima di fede e di sante memorie». Le sante memorie a cui don Colombo allude sono due. Anzitutto la memoria di Teresa Gedda, nostra zia e suora salesiana della quale nel 1926 era stata pubblicata la biografia. Inoltre la memoria di don Andrea Beltrami, altro salesiano vissuto al tempo di don Bosco che non avevamo conosciuto personalmente ma che, essendo nato a Omegna cittadina sul lago d'Orta a breve distanza da Casale Corte Cerro, tutta la zona conosceva e lo considerava in concetto di santità. Come si legge nel *Dizionario biografico dei salesiani*[2], egli ebbe una vita ricca di

re della rivista *Didascaleion* per la rivalutazione della letteratura cristiana antica, sostenne questa rivista, nei suoi 14 anni di vita, con un contributo imponente di studi concernenti la letteratura cristiana latina e greca, la storia, l'archeologia, la liturgia. Le sue pubblicazioni sono oltre una trentina fra cui edizioni del testo di Virgilio, del Nuovo Testamento e dei Padri Apostolici, traduzione degli Atti dei Martiri (1928): tutti presso la SEI di Torino. Nel 1934 diede inizio e diresse la pregevolissima collezione «Corona Patrum Salesiana» per la quale preparò il *Dialogo sul sacerdozio* di san Giovanni Crisostomo (1934), gli *Opuscoli* di san Cipriano (1935). Collaborò alla *Rivista dei giovani* per la quale preparò ben 106 articoli sul cristianesimo antico, radunati da Don Coiazzi nel volume intitolato *Primavera cristiana* (Torino 1939). Pregevoli, nel campo ascetico, una biografia popolare di Don Bosco. Studioso versatile, geniale, acuto e profondo, lavoratore eccezionale, lasciò un'orma profonda nel campo degli studi cristiani, ai quali avviò numerosi alunni universitari.

[2] Beltrami sac. Andrea, venerabile, nato a Omegna (Novara-Italia) il 24 giugno 1870, morto a Torino-Valsalice il 30 dicembre 1897. Ricevette in famiglia un'educazione profondamente cristiana, che fu poi sviluppata nel collegio salesiano di Lanzo, ove entrò nell'ottobre del 1883. Qui maturò la sua vocazione. Nel 1886 ricevette l'abito chiericale da Don

sofferenze fisiche e morali ed è sua la frase: «Né guarire, né morire, ma vivere per soffrire». Don Sisto Colombo, proprio in quel giro di anni, studiò la figura del suo confratello don Beltrami e ne pubblicò la biografia nel 1931.

Dal libretto universitario di Mary si viene a sapere che essa frequentava le lezioni di altri insegnanti di chiara fama come quelle di letteratura italiana di cui era titolare il professore Vittorio Cian e di storia dell'arte insegnata dal professore Lionello Venturi. Risulta inoltre che nel primo anno accademico (1925-1926) Mary sostenne, oltre all'esame di letteratura latina cristiana, un esame di gruppo (pedagogia, geografia e letteratura latina); nel secondo anno accademico (1926-1927) tre esami biennali di storia della filosofia, letteratura italiana e storia dell'arte e l'esame annuale di letteratura latina; nel terzo anno accademico (1927-1928) solo l'esame annuale di filosofia morale, mentre nel quarto anno accademico (1928-1929) Mary sostenne gli esami annuali di filologia romanza, sanscrito, e l'esame biennale di letteratura latina.

Nel 1929, che avrebbe dovuto essere l'anno della laurea, ha inizio il "fuori corso" che perdura negli anni accademici 1929-1930, 1930-1931, 1931-1932, i quali risultano vuoti di frequenza e di esami. Nel carteggio della segreteria dell'università vi fa riscontro una lettera autografa di Maria Gedda (12 novembre 1932) nella quale, essendo fuori corso, chiede di essere reintegrata nel quarto corso di lettere per l'anno 1931-1932. Però il libretto universitario rimane silente fino al 22 giugno 1933 quando registra l'ultimo esame biennale in letteratura italiana con punti 30/30 e lode. Al professore Cian, ordinario di questa materia, Mary aveva chiesto il tema per la

Bosco, a Foglizzo. Superata la licenza liceale con lusinghiera votazione, si iscrisse alla facoltà di Lettere, a Torino; ma dopo il primo anno un male insidioso lo colpì, costringendolo a una vita di isolamento e incessanti sofferenze, che accettò con santa letizia. Egli fu tuttavia uno dei soci fondatori del circolo universitario "Cesare Balbo". Ordinato sacerdote da mons. Cagliero, si diede tutto alla contemplazione e all'apostolato della penna. D'una tenacia di volontà a tutta prova, con un desiderio veementissimo della santità, consumò la sua esistenza nel dolore e nel lavoro incessante. «La missione che Dio mi affida è di pregare e di soffrire», diceva. «Né guarire né morire ma vivere per soffrire», fu il suo motto. Nei quattro anni che gli rimasero di vita dopo il sacerdozio, scrisse alcuni opuscoli ascetici ma soprattutto si dedicò all'agiografia scrivendo varie biografie di santi, e alcuni volumi di letture educative. Nel 1911 fu iniziato il processo diocesano per la sua beatificazione e nel 1920 quello apostolico, a Roma. Fu dichiarato venerabile il 5 dicembre 1966.

tesi con la quale avrebbe voluto laurearsi. Il professore Cian trasferì la domanda al suo collaboratore professore Passamonti che, d'intesa con Mary, scelse come tema di laurea la figura di Cesare Balbo come scrittore. Due anni dopo, il 21 maggio 1935, Maria Gedda chiese di essere ammessa a discutere la tesi di laurea. Grato a don Carlo Qualtorto che ha raccolto il materiale che mi ha permesso di ricostruire il faticoso iter universitario di Mary, noto subito che questo lungo «fuori corso» che abbraccia tre anni accademici è la conseguenza del periodo nel quale ha inizio la malattia che accompagnerà Mary durante tutta la vita.

Nell'esistenza un po' vagabonda che la famiglia di Giacomo Gedda condusse a Venezia, Modane, Torino, Milano e nuovamente a Torino, un punto di riferimento costante di natura sentimentale, in quanto vi nacque la nostra mamma, fu il già menzionato Casale Corte Cerro che si trova nell'alto novarese nella valle che unisce il Lago Maggiore al lago d'Orta.

Collocato sul pendio del monte Cerano che degrada verso oriente, il comune si articola in molte frazioni distribuite nei luoghi più ameni, o più ricchi di pascoli, o di torrenti che scendono per confluire prima nella Nigoglia e poi nelle acque del fiume Toce che proviene dalla Valle dell'Ossola e sfocia in quel ramo del Lago Maggiore che appartiene al Piemonte.

Furono le molte acque generatrici di elettricità che resero industrializzato Casale dove sorsero, a cavaliere del secolo, grandi e piccole industrie e con queste un ceto operaio che prima si accontentò delle Società Operaie organizzate dai padroni delle fabbriche e poi costruì in una frazione del fondovalle la Casa del Popolo che fu la culla del socialismo nella zona.

A Casale si ritornava ogni estate come a luogo di vacanza, di amicizie e da quando la salute di Mary cominciò a deperire, con la speranza che l'aria del monte potesse aiutarla a riprendersi.

A Casale abitavamo nella casa dei nonni materni situata nel capoluogo del Comune e pochi passi dalla chiesa parrocchiale dedicata a san Giorgio nella quale il culto del Sacro Cuore era di antica data.

Mary occupava il suo tempo nella corrispondenza e a ordinare i miei libri. Fu in questo periodo che le signorine De Lorenzi, due anziane persone di Intra, mi regalarono i pezzi più significativi della loro biblioteca fra cui un incunabolo della Scuola Medica Salernitana che feci oggetto della mia tesi di laurea. Mary costruì un accurato elenco di questo fondo librario dedicandovi tutto quanto aveva imparato all'università in tema di biblioteconomia.

Più che la dieta e i medicamenti fu dunque il clima di Casale a ridarle le forze necessarie per chiudere il suo curriculum universitario, con la tesi di laurea che discusse il 21 giugno 1935. La data prescelta era quella del mio onomastico.

Lo studio di Mary riguardava Cesare Balbo in quanto scrittore perché la tesi apparteneva alla cattedra di letteratura italiana, ma non poteva prescindere, ovviamente, dal pensiero e dall'azione politica del personaggio.

Gli anni del «fuori corso» di Mary erano appunto quelli nei quali la mente acuta e lungimirante di Pio XI aveva saputo concludere i Trattati Lateranensi per cui le ideologie anticlericali del liberalismo che dal 1870 reggevano lo Stato italiano erano in declino, mentre si riaffacciavano i progetti coltivati da Pellico, Gioberti, Balbo e da molti altri cattolici italiani di prima e dopo la conquista di Roma, che si potesse giungere all'unificazione della nazione italiana con rispetto della sua tradizione religiosa e della Chiesa che ha in Roma la sua sede apostolica universale.

Problemi doverosi e affascinanti, religiosi e giuridici, istituzionali e tradizionali, storici e creativi, internazionali e locali rendevano l'assunto di quei pionieri arduo tanto più che l'iniziativa a tenaglia di Cavour e di Garibaldi aveva superato le problematiche e unificato, a suo modo, l'Italia.

Però i Trattati Lateranensi spolverando quelle antiche tesi dei risorgimentalisti cattolici avevano dimostrato la loro consistenza con la prova dei documenti pattuiti e avevano dato respiro al cattolicesimo italiano.

Mary si rendeva conto di questa ritardata maturazione delle tesi che furono anche di Cesare Balbo e la serietà con la quale condusse il suo studio sotto l'angolatura letteraria dello scrittore è documentata dal numero di opere di Balbo che riuscì a trovare nell'edizione originale presso l'antiquariato di Torino, libri con segni a margine che dimostrano l'elaborazione del suo pensiero.

Le opere di Cesare Balbo raccolte da Mary che fanno parte tuttora della sua biblioteca sono otto[3] e documentano l'autenticità della ricerca condotta non solo in biblioteca, ma anche in via Musinè, ossia a casa, mentre soffriva per le dolorose manifestazioni della sua malattia.

La tesi di Mary di 160 pagine dattiloscritte corredata da una bibliografia di 77 opere ha come titolo *Cesare Balbo scrittore* e anche oggi potrebbe meritare di essere pubblicata.

[3] [1] C. Balbo, *Novelle*, pubblicate per cura di Guglielmo Stefani con l'aggiunta dei Frammenti sul Piemonte, Le Monnier, Firenze 1854; [2] C. Balbo, *Lettere di politica e letteratura*, precedute da un discorso sulle rivoluzioni, Le Monnier, Firenze 1855; [3] C. Balbo, *Meditazioni storiche*, Le Monnier, Firenze 1855, seconda edizione fiorentina; [4] C. Balbo, *Storia d'Italia sotto ai barbari*, Le Monnier, Firenze 1856; [5] C. Balbo, *Della monarchia rappresentativa in Italia. Della politica nella presente civiltà*, Le Monnier, Firenzc 1857; [6] C. Balbo, *Il regno di Carlomagno in Italia e scritti storici minori,* pubblicati per cura del Cav. Boncompagni, Le Monnier, Firenze 1862; [7] C. Balbo, *Della storia d'Italia dalle origini fino ai nostri giorni*, I, a cura di Fausto Nicolini, Laterza, Bari 1913; [8] C. Balbo, *Della storia d'Italia dalle origini fino ai nostri giorni*, II, a cura di Cesare Nicolini, Laterza, Bari 1914.

4

«ITINERARIUM MENTIS IN DEUM»

Bonaventura da Bagnoregio, francescano e santo, ha scolpito con poche, luminose parole la strada interiore alla quale ogni anima cristiana è chiamata: *Itinerarium mentis in Deum*, frase che adopero per raccogliere quanto è venuto maturandosi nell'anima di Mary durante il decennio della sua vita universitaria di «corso» e di «fuori corso».

La fonte a cui attingo sono le lettere scritte da Mary a Jucci Beretta la sua collaboratrice e amica del gruppo Cordigere di Monforte, quasi coetanea perché di tre anni più giovane, la quale si ammalò nell'anno del trasloco dei Gedda a Torino (1925) e si trasferì anch'essa fuori Milano. La Jucci e, dopo la sua morte, i suoi familiari conservarono le lettere di Mary delle quali dispongo, per loro cortesia, in fotocopia.

La prima lettera datata Torino è del 4 gennaio 1926: «Ho ricevuto or ora – scrive Mary – la tua cartolina che mi giunse più che gradita: non aspettavo altro che il tuo indirizzo per scriverti. Chi l'avrebbe detto un anno fa quand'eravamo insieme a Monforte che in un anno sarebbero successe tante cose. [...] Immagino quanto avrai sofferto anche tu nel dover lasciare Milano. [...] Ma siccome tanto la partenza tua quanto la mia sono state disposte dal Buon Gesù noi dobbiamo ringraziarlo perché la sua bontà dispone sempre tutto in modo che ne venga il maggior bene. [...] Sia benedetto dunque il Signore, sia lodata la sua volontà. [...] Un bacio alla Zita, alla Giovanna, alla Virginia, a te [...]».

Nel venerdì santo successivo Mary informa Jucci che ha fatto una scappata a Milano e interrompe il filo del suo racconto per dire: «Non vedo l'ora che arrivi domattina per ricevere Gesù. Senza di Lui lo sai tu meglio di me come si sta».

Da una lunga lettera che ritengo scritta il 2 maggio 1926 ricavo «[...] dammi il buon esempio lasciando via quando mi scrivi ogni lode. Prega, di' alla Madonnina che ti faccia capire i miei difetti e poi dimmi tutto ciò che ti viene in mente, io cercherò di fare altrettanto verso di te [...] e guai a noi se saremo strumenti superbi! Cosa ne diresti se un pennello si vantasse di aver dipinto un'opera d'arte?».

Da una lettera del 10 luglio 1926: «Scrivi quando puoi, quando non puoi [...] pazienza; prima sempre e in tutto bisogna fare la volontà santa di Dio. Quando non si può scrivere si manda l'Angelo Custode a fare le commissioni. [...] Come è stato buono il Signore nel darci un compagno, una guida così sicura! Ringraziamolo amando l'Angelo a cui ci ha affidate».

Nel settembre del 1926 nella famiglia Beretta nasce Guglielmina e Mary scrive alla Jucci: «Un altro angioletto? Sii davvero riconoscente al Signore che t'ha dato e ti conserva una Mamma così santa. So, perché Gesù ebbe anche con me questa carità, che cosa voglia dire avere una Mamma santa. La mia è già in Paradiso e di lassù non manca di continuare a proteggermi e a difendermi» (20 settembre 1926).

Nella lettera natalizia Mary parla del tempo atmosferico di Torino il 27 dicembre 1926: «Anche oggi è quasi tutto il giorno che nevica. Ti piace sorella neve? A me piace tanto per i pensieri che suscita e credo che altrettanto sia per te. È così bella bianca che non può non richiamare alla purezza, alla Madonnina nostra Immacolata. [...] L'anima che si propone come modello da imitare Maria SS. deve riprodurre, nel modo migliore possibile, la vita della Vergine totalmente abbandonata al volere divino: "Fiat mihi secundum verbum tuum". Preghiamo perché le anime sacerdotali e tutte le anime consacrate, incominciando da noi, gli siano eternamente fedeli [...] ma c'è bisogno di tante preghiere, di tanti sacrifici affinché "il padre mandi operai nella sua messe..."». La prima lettera del

1927 risponde a una della Jucci della quale Mary osserva: «La tua lettera stava quasi diventando un diario. Ma non importa, fa come puoi, vedi che anch'io faccio altrettanto. Tu lo sai che la santità consiste nell'adempimento perfetto del divino volere [...] la nostra rassegnazione alla volontà di Dio deve sempre essere totale, in ogni cosa [...] ti copio un brano di san Francesco di Sales che certamente ti piacerà: "Il nostro maggior male è che vogliamo servire Iddio a modo nostro e non a modo suo [...]. Quando Egli vuole che siamo ammalati, noi vogliamo essere sani, quando Egli desidera che Lo serviamo con patimenti, noi desideriamo servirLo colle opere [...] se vorremo essere santi secondo la nostra propria volontà, non lo saremo mai. [...] Gesù non ti chiederà se hai fatto cose straordinarie, ma se hai fatto straordinariamente le cose ordinarie"». E sul termine di questa lettera del 24 gennaio 1927 Mary scrive con molta decisione: «W la volontà divina!».

Nella mente di mia sorella viene elaborandosi il principio che la volontà divina traccia la via di ogni persona e anche il rapporto fra le anime che si attengono a essa. Il 22 aprile infatti scrive: «L'amicizia non è forse un dono del Signore, e non è stato Lui a unire in Lui le anime nostre? Dunque a me pare che Egli abbia piacere se "sempre" nella preghiera, e quando si può anche scrivendoci comunichiamo fra noi. Certo che bisogna stare attenti a non prendere il cervello nostro [...] per la volontà divina».

Da Casale Corte Cerro scrive alla Jucci: «Se tu sapessi quante lezioni m'ha dato Gesù durante questo inverno, perché impari a rinunciare in tutto alla mia volontà, a vivere distaccata da ogni cosa! Gesù è buono, non si stanca, seguita a ripetere» (28 luglio 1927).

Una lettera di Mary scritta da Casale il 2 ottobre 1927 illumina il significato apostolico della sofferenza che, seppure in modo diverso, entrambe affrontano: «Meglio così dal momento che a Gesù piace così. L'apostolato, tu lo sai, è dolce dovere di ogni anima veramente cristiana. Apostolato altissimo è quello della sofferenza, proprio quello che il Buon Gesù chiede ora a te, mia carissima sorellina. Coraggio Jucci! Forse tu non vedrai, ora, il frutto della tua sofferenza: ma non importa; lascia alla Madonnina di usare di ciò come di roba sua, quando saremo lassù, con Lei, allora vedrai come la Mamma celeste ha saputo far fruttificare le nostre pene [...] di' a Gesù che mi renda generosa e serena nel portare la sua Croce, sempre, qualunque essa sia. Io chiedo altrettanto per te». La situazione, per quanto riguarda Mary, è confermata in una sua lettera del 5 dicembre 1927: «In quest'anno che sta per finire il buon Gesù non ha chiesto a me di soffrire nel corpo, ha voluto piuttosto purificare, o almeno darmi i mezzi per purificare, un po', l'anima». Che la malattia non abbia ancora intaccato gravemente la salute di Mary, risulta anche da questo inciso: «Ancora quest'anno e l'anno venturo, poi, se Dio vuole, a luglio del '29 darò la laurea».

La realtà fu diversa dal previsto e Mary il 12 marzo 1928 scrive a Jucci: «Io ora sto rimettendomi, ma ho passato alcuni giorni a letto e ho dovuto sospendere lo studio regolare. Nulla di grave, ma una debolezza mi ha fatto per qualche giorno far vacanza. *Laus Deo!*». La malattia però non si risolve e Mary scrive: «Prega tanto per me che ne ho proprio immenso bisogno, prega perché sia pronta e serena nel vivere ogni momento il divino volere» (2 maggio 1928).

«La situazione migliora ma [...] non devo ancora affaticarmi molto, mentre per gli esami, date le lunghe vacanze involontarie, dovrei intensificare lo studio [...] ho dovuto restare anch'io diversi giorni senza Comunione» (9 maggio 1928). «Compiere con fedeltà, con serenità, con letizia il volere santo di Dio, sia questo di studiare, sia questo di essere ammalate» (4 giugno 1928).

Mary va a Casale per l'estate, come al solito e scrive a Jucci: «Il silenzio è una delle condizioni più favorevoli per intendere la voce di Dio» (15 luglio 1928). «Pensa alla solitudine tanto più grave di Gesù nel Tabernacolo e ringraziaLo di poterGli offrire [...] la tua solitudine in riparazione della Sua» (18 luglio 1928). «I piani della Divina Provvidenza sono sempre disposti per il nostro meglio. *Fiat!*» (26 luglio 1928).

Nel silenzio e nella pace delle prealpi, l'anima di Mary raggiunge un'altra vetta, quella della Misericordia Divina e ne parla all'amica: «A me fa tanto bene fermarmi a pensare la Misericordia Divina» (8 agosto 1928). «Lasciare alla Divina Misericordia il passato e con umiltà, con piena fiducia *in Domino* far di tutto per essere migliori» (23 ottobre 1928, da Torino).

A Jucci che le ricorda i bei tempi di Monforte, Mary scrive: «Non è certo che ora il Buon Dio sia meno prodigo con noi di favori [...] è che dopo un primo tempo, volle agli altri doni unire quello preziosissimo della Croce. [...] Non è forse dell'avvicendarsi delle stagioni che Iddio si serve per far sì che le piante diano e fiori e frutti? [...] Ti assicuro, per esperienza, che quando qualcosa dà pena, e si sente tristezza, e magari fortemente, il *Deo gratias et Mariae* detto proprio sinceramente, serve molto a ridonare presto la serenità all'anima» (11 novembre 1928).

Il nuovo anno suggerisce a Mary il pensiero dell'avvenire e così ne scrive a Jucci: «Non preoccupiamoci del futuro. Siamo nelle mani di Gesù e di Maria, provvedano loro [...] cerchiamo prima di tutto il regno di Dio, Lui, la Sua Volontà, quanto a Lui piace, e tutto il resto, l'ha detto Gesù, ci verrà dato il sovrappiù» (2 febbraio 1929). «Cerchiamo di essere più che mai fedeli nelle cose piccole, nell'adempimento dei piccoli doveri di ogni giorno [...]. Saranno sempre le medesime azioni, il "monotono quotidiano" ma sarà diversa la nostra disposizione interna, perché staremo più attente a tutto compiere con amore e per amore» (Venerdì santo 1929).

Forse da Chiavari dove Mary era in visita alla famiglia Cerrato scrive a Jucci una lettera molto interiorizzata che le inoltra tramite il comune direttore spirituale padre Felice cappuccino; vi si legge: «Non è forse la volontà di Dio "sola" che noi dobbiamo desiderare e seguire? E se Gesù ci vuol santificare nella vita comune non diremo sempre *fiat*? [...] Non occorre che Iddio ci renda ragione del Suo operato, bensì è indispensabile da parte nostra una confidenza cieca in Lui» (26 luglio 1929) e da Casale dove poi si trasferisce scrive all'amica: «Io arrivai qui sabato 3 agosto e rividi con vero piacere i miei monti [...]».

Da Casale e poi da Torino continua il suo dialogo spirituale: «Occorre avere molta pazienza anche con noi stesse» (16 novembre 1929). «Anche s. Teresina era contenta di sentirsi debole, perché pensava che così Gesù doveva maggiormente aiutarla» (4 ottobre 1929). «Mi piace tanto questa preghiera di s. Agostino: "Signore dammi la forza per fare ciò che mi domanderai e poi domandami ciò che vuoi!"» (30 dicembre 1929).

In una lettera della quale non è possibile stabilire la data Mary scrive: «È un po' di giorni che sto pensando [...] alla gravezza del peccato veniale, all'abuso delle grazie del Signore. Credi, Amalia, che questi punti mi fanno proprio meditare seriamente. Immaginati che basta non corrispondere a una grazia, per non riceverne infinite altre. Chissà quante ne perdo io in questo modo. [...] Dev'essere il Cuore di Gesù il luogo di ritrovo delle anime cristiane, a noi non resta altro che entrare spesso in questo Cuore benedetto, qui il nostro affetto diventerà sempre più puro, più spirituale e allora ameremo Dio e le anime così come vuole Gesù».

In altre due lettere senza data ma dirette anche alla Jucci e perciò anteriori al 1937, la meditazione di Mary, così frequentemente rivolta alla volontà di Dio come all'itinerario che ogni anima deve proporsi, raggiunge l'epicentro storico di questa interpretazione mistica della vita umana: l'episodio di Cristo nel Getsemani narrato dagli evangelisti. Mary scrive: «Sto meditando sulla Passione di Gesù: ora sono nell'Orto e sto convincendomi sempre più che la preghiera è indispensabile nella vita cristiana e che la preghiera più bella è la sofferenza e la preghiera che si fa soffrendo: tale fu la preghiera di Gesù nell'Orto. Il nostro ricorso a Dio deve poi essere fatto con umiltà, costanza, abbandono, rassegnazione alla Volontà santa di Dio, così pregò Gesù. L'altro giorno fui in una chiesa così povera e maltenuta che faceva pietà nel vero senso della parola: quel giorno ho meditato sull'abbandono di Gesù in tante chiese, sul suo amore in tante chiese misere, squallide, solo [...]» Della seconda lettera non so la data ma il luogo, ossia Bognanco dove Mary si è recata in un mese d'agosto per fare la cura di quelle acque termali. Mary scrive per sé e per Jucci: «Non dobbiamo proprio meravigliarci se la natura "sente" (e quanto!) il dolore, se ne proviamo anche tedio. Pensa a Gesù nell'Orto: per dare coraggio a noi, per nostro esempio e conforto Egli volle provare, nell'Agonia che precedette la passione, lo spavento, il tedio: ci mostrò tutta la sua sensibilità al dolore soprattutto per dare coraggio a noi. Dunque [...] non ci dobbiamo perder d'animo, ma ripetere con Gesù il *fiat*».

L'amore di Gesù verso ogni uomo, meditato da Mary al Sacro Cuore di Monforte, la condusse a ricambiare questo amore con la sua personale fedeltà ed ancora a interpretarlo ed estenderlo alle anime che avvicinava perché sapessero che Gesù le vuole salvare e sublimare.

La sua dedizione all'azione diffusiva dell'amore di Cristo, saldamente ancorata ai sacramenti e soprattutto al mistero eucaristico, è il primo aspetto che l'epistolario di Mary alla Jucci rivela e documenta. Non è romanticismo religioso ma sano realismo in quanto le verità soprannaturali non sono meno reali di quelle che cadono sotto la conoscenza dei sensi.

La malattia della Jucci dona a questo realismo mistico un motivo di riflessione e di ascesa che diventa ragione inevitabile quando anche Mary, imboccato il curriculum universitario, cade ammalata di una malattia insidiosa, senza febbre ma debilitante, che i medici affrontano superficialmente con terapie antianemiche e climatiche.

L'ozio forzato in Mary, abituata a spendere per la fede tutte le energie disponibili, la mise sopra un itinerario che non aveva previsto, quello della sofferenza. È un momento nel quale il Cuore di Cristo le appare non solo come «fornace ardente di amore» ma anche come «colmo di obbrobri e trafitto da una lancia». Di questo esempio Mary si nutre accettando la sofferenza del corpo in aggiunta a quella dell'anima che la Trinità non le risparmiava.

Se il Cuore di Cristo non rifiuta il dolore, anzi lo dichiara e lo richiede dai cristiani, è perché il medesimo Cuore, ossia la persona umana di Gesù, si è sottoposto alla sofferenza come prova del suo amore e prezzo del riscatto che deve procurare all'uomo.

In altre parole, il dolore accettato per amore, da Gesù verso le anime e da queste verso Gesù, è il veicolo che permette all'amore ricambiato di raggiungere il suo fine: la redenzione.

Questo piano universale che non risparmia l'Uomo-Dio è l'espressione del volere salvifico del Padre al quale il Cristo risponde con il *fiat* del Getsemani.

L'itinerario di Mary risale il cammino di questo amore nel senso che dall'effetto risale alla causa, dalla devozione al Cuore di Gesù, al *fiat* di Gesti. È sorprendente la scoperta che l'epistolario ci ha riservato: Mary è giunta al Getsemani prima della Società Operaia e ha imperniato la sua vita sulla volontà di Dio.

5

TORINO CAMPIDOGLIO

L'itinerario spirituale di Mary che abbiamo rintracciato nella sua corrispondenza privata è come un ruscello che corre fra due sponde e le alimenta, la sponda dell'impegno universitario e quello dell'apostolato organizzativo che essa praticava, superando le difficoltà dell'assunto contemporaneo e quelle che la malattia le procurava.

Il periodo degli studi universitari di Mary che occupò, per causa della malattia, ben più del normale si svolse durante gli anni del pontificato di Pio XI.

Questo pontefice che aveva conosciuto dei laici intellettuali e apostoli come Contardo Ferrini professore di diritto nell'università di Pavia, Tommaso Gallarati Scotti biografo del Fogazzaro, e aveva respirato l'atmosfera dei cattolici risorgimentalisti vissuti a Milano e sul Lago Maggiore, come Alessandro Manzoni e Antonio Rosmini, presagiva l'apporto che i laici avrebbero potuto dare alla Chiesa sia partecipando alle opere dell'apostolato gerarchico, sia orientando strutture sociali e fenomeni culturali secondo il pensiero cristiano. Questa strategia pastorale richiedeva di trasformarsi subito in fenomeno organizzativo concreto, agile e disponibile anche perché la Conciliazione che Chiesa e Stato tenevano in prospettiva, stava per concludersi con lo Stato fascista così totalitario e capillare che avrebbe confinato la Chiesa negli angusti limiti di una sovranità simbolica riducendo e deformando il respiro universale del popolo italiano, se la Chiesa stessa non avesse provveduto a mobilitarsi nelle forme a essa confacenti, ma validissime, come gli sviluppi storici hanno dimostrato.

Perciò Pio XI fin dal primo anno del suo pontificato, che coincise con quello della marcia su Roma delle «Camicie nere», utilizzò un nome che già in tempi precedenti, durante i periodi di Pio X e Benedetto XV, era servito per qualificare dei settori particolari del laicato cattolico italiano, cioè il nome di Azione Cattolica Italiana, per tracciare un quadro organizzativo completo, organico ed ecclesialmente qualificato, che avrebbe potuto contenere e bilanciare le organizzazioni del regime, vitalizzando parrocchie, diocesi e l'intera Chiesa italiana con l'apporto di un apostolato convergente, illuminato e univoco praticato da laici.

Le organizzazioni nazionali nate in tempi diversi come la Società della Gioventù Cattolica Italiana (1868), la Federazione Universitaria Cattolica Italiana (1898), l'Unione Donne Cattoliche (1910), la Gioventù Femminile Cattolica (1918) e l'Unione Uomini Cattolici fondata per simmetria dal medesimo Pio XI (1922), furono raccolte nell'àmbito di un organismo unico chiamato appunto Azione Cattolica Italiana.

Mary, che assisteva a questo fenomeno organizzativo ecclesiale insolito per la vastità del suo disegno e per la continua stimolazione che proveniva dalla parola del papa echeggiata dai vescovi e vissuta in famiglia, non poteva sentirsi estranea a questa chiamata e vi partecipò con profonda convinzione come faceva per ogni ideale che la sua anima immedesimava.

Ambito della sua azione apostolica furono le parrocchie che frequentava in differenti epoche dell'anno: quella di Sant'Alfonso a Torino e quella di San Giorgio a Casale Corte Cerro nella diocesi di Novara.

Nella parrocchia di Sant'Alfonso che coincide con la borgata Campidoglio di cui si è detto, l'Azione Cattolica era rappresentata dalla Legion Tebea, circolo della Società della Gioventù Cattolica Italiana il quale, dopo lo scioglimento e la riapertura del 1931, si chiamò Associazione della Gioventù Italiana di Azione Cattolica. Nell'àmbito della parrocchia retta allora dal teologo don Carlo Cavallo esisteva anche il fiorente Oratorio Femminile Santa Giovanna d'Arco. L'apporto di Mary non poteva essere quello di una dirigente di titolo formale, ma era, ancor più validamente, quello di una buona, intelligente amica che avvicinava le giovani adolescenti.

L'apostolato di Mary viene così descritto, in data 17 giugno 1985, da due oratoriane di allora (Benilde Martinetti ed Emma Germano):

> La sig.na Gedda, per far comprendere meglio alle giovani il personaggio «Gesù», presentava loro l'ambiente storico in cui il divino Maestro è vissuto; inoltre, per rendere le ragazze più consapevoli della grandezza del cristianesimo illustrava la storia della Chiesa, spiegava la liturgia e invitava ad imparare a memoria le parti fisse della messa, presentava i salmi per offrire, alle sue allieve, l'opportunità di recitarli in latino.
>
> Il gruppo delle giovani, che frequentavano l'Oratorio, sono state conquistate dall'amabilità, dalla disponibilità della sig.na Mary, dal suo comportamento edificante; la consideravano superiore a loro per cultura, per spiritualità (quando si recavano in chiesa la vedevano a lungo assorta in preghiera) ma, nello stesso tempo, ammiravano la sua dolcezza, l'aspetto sempre sereno e sorridente.

Lo spirito di Mary nell'animazione dell'ambiente fu quello che traspare da un articolo che essa scrisse dopo il suo trasferimento a Roma, quando nel 1940 l'Oratorio Femminile Santa Giovanna d'Arco, per festeggiare il trentennio della sua fondazione, pubblicò un numero unico ciclostilato che contiene anche lo scritto di Mary intitolato: «Così ho visto l'Oratorio». È utile leggerlo tenendo presente che esso rispecchia la mentalità e il costume del popolo negli anni trenta, oggi molto cambiato per adeguamento delle famiglie e dei familiari al ritmo del lavoro e al contenuto dell'informazione dei nostri giorni:

> Si entra nell'Oratorio e si trova subito, quasi a fare gli onori di casa, una Madonnina di Lourdes, sita nella grotta, a destra del cancello d'ingresso.
>
> Tutta la popolazione dell'Oratorio sa che, entrando, il primo saluto deve essere dato alla Vergine Immacolata con un'Ave recitata pres-

so la sua effige, devotamente, perché è Lei l'ispiratrice e la protettrice di questa opera tanto benefica.

Quando infatti si trattò di iniziare l'Oratorio, la signorina Caneparo, che la Provvidenza scelse a strumento di questa opera apostolica, volle andare pellegrina a Lourdes proprio per chiedere consiglio ed aiuto alla Mamma Celeste sul da farsi.

Si comincia ad andare all'Oratorio portate in braccio dalla mamma, quando ancora non si sa camminare, e se ne respira l'aria serenamente addormentate sulle piccole brande messe a disposizione delle mamme, d'estate all'ombra delle grandi piante del giardino, d'inverno nei locali riscaldati. così le bimbe sono al sicuro, mentre le mamme seguono le lezioni della scuola «Buona Massaia».

Si torna all'Oratorio, felici quando già si cammina da sole, e si attende soltanto che l'Oratorio apra i battenti per ritrovarsi con le compagne a giocare.

Ed è ancora l'Oratorio che accoglie queste bimbe quando si preparano a ricevere la prima volta Gesù nel loro cuore: allora, come sanno di essere buone, silenziose, tutte comprese nel grande atto che stanno per compiere!

Continuano poi a frequentare le lezioni domenicali di religione, intercalate al gioco e alle sacre funzioni, e sono preparate ai primi lavori di cucito, nella scuola materna del giovedì pomeriggio.

A sera l'Oratorio accoglie le bimbe di ieri, fatte ora signorine, per le varie scuole serali di religione, di canto, di sbalzo in cuoio, in stagno, di pittura su ceramica ecc. Si apre nei giorni festivi per le lezioni di taglio, cucito, ricamo ecc. Passano gli anni.

La fanciulla va a nozze? Tutto è in festa. Vi tornerà la sposa, divenuta mamma felice, portandovi, a sua volta, in braccio i suoi piccini che, come lei, impareranno ad amare, vivendo la vita di questa grande famiglia. È naturale che l'esempio trascini.

E l'esempio di tanto fervore apostolico scosse molti cuori, diventò uno strumento di Dio per far sentire ad anime privilegiate il bisogno di una dedizione completa a Lui; e per amor Suo alle anime.

Ed ecco fiorire numerose, nell'Oratorio, le vocazioni religiose, anime temprate per l'apostolato: dove andranno?

Dove la Provvidenza vorrà; alcune in Africa tra le Missionarie della Consolata, altre in Egitto fra le Missionarie francescane, altre resteranno in patria, ma tutte saranno apostole di bene, portando ovunque la fiamma della carità divina, la luce della verità.

Da trent'anni l'Oratorio va svolgendo la sua opera benefica all'ombra della Parrocchia di Sant'Alfonso. Quando si è aperto, per la prima volta, la bella chiesa di Sant'Alfonso era al suo decennio e poche case, rustiche in gran parte, la circondavano. Oggi Sant'Alfonso è una delle più belle parrocchie di Torino, e il Campidoglio sta diventando un rione distinto e popolato. L'Oratorio vede la messe biondeggiare e chiede l'aiuto di preghiere, di collaborazione, perché il raccolto sia sempre più copioso a gloria di Dio solo.

A Casale Corte Cerro il lavoro apostolico di Mary fu più facilmente e immediatamente innestato nella struttura della Gioventù Femminile di Azione Cattolica raccogliendo sorelle e parenti dei soci del locale Circolo della Gioventù Cattolica Maschile fondato nel 1917 nella frazione Caffaronio presso il viceparroco don Giuseppe Zerboni. Quando il circolo cambiò nome chiamandosi, secondo il modello ambrosiano, Unione Giovani e si trasferì con la venuta dell'arciprete don Pietro Belloni nella casa parrocchiale, allora sorse anche il circolo della Gioventù Femminile che aveva sede presso le Suore Giuseppine che gestivano l'asilo infantile.

Anche qui la Mary non aveva una carica organizzativa definita ma era l'anima del Circolo e continuava a esserlo, per corrispondenza, anche quando si trovava a Torino.

L'apostolato che Mary andava sviluppando in luoghi diversi e nelle varie forme a cui si è accennato era la parte di cui aveva l'iniziativa e il controllo.

Le visite, le telefonate, la correzione di bozze di stampa, le commissioni varie a cui era sottoposta non si potevano contare, né si possono adeguatamente riferire. Un profilo di Mary tracciato dal professore Paolo Brezzi dell'università di Roma, che allora collaborava con me nella GIAC di Torino, può darcene un'idea:

I miei ricordi della compianta e indimenticabile Mary Gedda risalgono a tempi ormai assai lontani ma sempre vivi nella memoria; essi possono agevolmente essere distinti in due differenti momenti della mia vita: quello torinese e quello romano.

Il primo concerne gli anni 1931-1938 e corrisponde a uno dei periodi «eroici» dell'Azione Cattolica giovanile allorquando dopo la chiusura dei circoli e subito dopo la loro riapertura con un altro nome (associazioni) e nuovi ordinamenti, la Gioventù Cattolica torinese ebbe per presidente diocesano prima Luigi Gedda e poi trasferendosi egli a Roma per assumere più alte responsabilità il sottoscritto che, coadiuvato da un bel gruppo di valorissimi amici, cercò di proseguire le innovazioni di finalità e di metodo introdotte da poco in quell'organizzazione.

La famiglia Gedda abitava in Via Musinè 5, a poca distanza dalla mia residenza (Via Giacomo Medici) – vivevo con mia madre presso mia sorella sposata – quindi le occasioni per avere contatti erano abbastanza frequenti, anche fuori delle relazioni di ufficio.

Mary era già allora la solerte e riservatissima segretaria di Luigi e coadiuvatrice di tutti noi in tante incombenze pratiche, con una dedizione assoluta al fratello e con una grande comprensione per la nostra vivacità e invadenza (avevamo tutti pressapoco venticinque anni!). Io ebbi anche la fortuna di trascorrere una breve permanenza a Casale Corte Cerro (Novara, presso il Lago d'Orta), ove la famiglia Gedda passava le vacanze, né mancò anche l'occasione per qualche scambio d'informazioni, diciamo così accademiche, con Mary data la mia specializzazione di studio in storia e la preparazione, da parte sua, della tesi di laurea in storia del Risorgimento italiano.

Dopo il mio trasferimento a Roma per ragioni professionali, dato che anche la famiglia Gedda risiedeva ormai in questa città, la frequentazione con Luigi e Mary si verificò per un altro motivo, la gestazione e poi la redazione della rivista *Tabor*, di cui ella era l'umile e silenziosa, come sempre, ma ognora la efficientissima e vigile segretaria pronta sia a sollecitare l'invio di un articolo, sia a comprendere alcune critiche (magari fuori luogo) mosse alla pubblicazione da qualche troppo focoso collaboratore.

Del periodo nel quale Mary fu vicedirettore di *Tabor* ci occuperemo diffusamente in seguito.

6

ROMA «LA NAVICELLA»

Mary giunse a Roma quando la seconda guerra mondiale era in procinto di coinvolgere l'Italia. Felice che la famiglia, da quattro anni divisa, potesse ricomporsi in Roma, centro della sua fede, città che già conosceva per esservi stata nell'Anno Santo 1925 con il pellegrinaggio dei Cappuccini di Monforte, scriveva alla Jucci da Casale: «A Dio piacendo il 1° partiremo per Torino e il 10 per Roma [...]». (Lettera del 25 settembre 1938).

Nel visitare degli ammalati al Tuscolo avevo notato degli appartamenti da affittare a Porta Metronia. Così fu che in uno di questi stabili ho potuto alloggiare i miei – all'incrocio della via dell'Amba Aradam con quella che conduce, oltre il Celio – al Colosseo. In questo modo Mary venne a trovarsi alle falde meridionali del colle nel territorio parrocchiale della Navicella.

Il Celio è un colle che dimostra la sua elevazione a nord-ovest dove precipita sul Colosseo e sui Fori Imperiali mentre, verso sud-est, attenua gradualmente la sua quota fino a raggiungere i piazzali del Laterano. Dominato dalla basilica e dal monastero dei Santi Giovanni e Paolo, il Celio porta sul dorso dei celebri luoghi come la Villa Celimontana dove san Filippo Neri giocava con i suoi ragazzi, il primo ospedale costruito da san Giovanni da Matha, fondatore dei Trinitari e dove egli stesso morì nell'angusta camera ricavata da un'arco dell'acquedotto romano, il santuario di Santo Stefano Rotondo e, dove si converte in pianura, la basilica di San Giovanni in Laterano, sede del vescovo di Roma e del suo vicario. Per dire il fascino esercitato su Mary da questa vicinanza topografica mi sembra che non vi siano parole migliori di quelle pronunciate da Giovanni Paolo II nell'*Angelus* del 9 novembre 1986:

> Oggi la Chiesa celebra la festa della Dedicazione della Basilica Lateranense, «omnium urbis et orbis ecclesiarum mater et caput» (madre e capo di tutte le chiese dell'urbe e dell'orbe), la Cattedrale di Roma fatta costruire dall'imperatore Costantino e inizialmente dedicata al Santissimo Salvatore, e poi, sotto il pontificato di San Gregorio Magno, intitolata anche ai Santi Giovanni Battista e Giovanni Evangelista, a ciascuno dei quali era consacrato un oratorio annesso al Battistero. La Basilica del Laterano, coi palazzi adiacenti, fu per molti secoli sede abituale del Vescovo di Roma. In essa si tennero cinque Concili Ecumenici tra i quali nel 1215, sotto il Papa Innocenzo III, il Lateranense IV, considerato dagli storici il Concilio più importante del Medioevo. Per mille anni la storia di Roma cristiana gravitò intorno a tale Basilica, che papi, imperatori, re e fedeli adornarono via via di preziosi donativi e di splendide opere d'arte, segno della loro intensa fede in Cristo. (*L'Osservatore Romano*, 10-11 novembre 1986).

Oltre ai palazzi immediatamente adiacenti alla basilica, la zona del Laterano comprende edifici sacri di immenso valore sacro e storico come la Basilica di Santa Croce in Gerusalemme che conserva le più insigni reliquie della croce sulla quale morì nostro Signore Gesù Cristo portata a Roma da santa Elena, madre dell'imperatore Costantino, il quale fu battezzato proprio al Laterano da papa Silvestro successore di san Pietro, come si ricorda sul basamento dell'obelisco egiziano che si erge sulla piazza.

Qui ancora si apre il santuario della Scala Santa dove sono collocati i gradini marmorei del pretorio sui quali colò il sangue della flagellazione e dell'incoronazione di spine del Redentore quando Pilato lo presentò al popolo con le veridiche ma tragiche parole: «Ecce homo».

Mary conobbe gradualmente i ricordi storici e le testimonianze sacre che ho menzionato e le molte altre profuse nel Laterano come la «Mensura Christi» collocata nel piccolo chiostro, preziosa antropometria del Salvatore che coincide con le misure fornite dalla Sindone di Torino.

Ricordi e tradizioni che componevano attorno a Mary un ambiente mistico che difficilmente avrebbe potuto trovare altrove, se non a Gerusalemme.

Ma l'attenzione di Mary, abituata a vivere a Torino e a Casale la vita parrocchiale, fu subito rivolta alla Navicella. Il nome ufficiale di questa basilica è Santa Maria in Domnica, ma il popolo la chiama «Navicella» perché ha dinanzi una fontana dove l'acqua zampilla da un'antica scultura che riproduce una nave romana, probabilmente un ex voto pagano.

Durante i trent'anni vissuti in questa parrocchia Mary, nonostante le sue precarie condizioni di salute, raccolse e diresse le Damine della Carità, sezione giovanile della Conferenza di San Vincenzo della parrocchia di cui nostro padre era presidente. Inoltre si occupò delle Giovanissime della Gioventù Femminile di Azione Cattolica, e dei malati, specialmente dei non vedenti.

La presenza e l'azione di Mary nell'àmbito della Navicella è bene delineata da uno scritto di monsignor Mario Di Sora allora parroco di Santa Maria in Domnica, direttore spirituale di Mary e ora camerlengo del capitolo lateranense. Monsignor Di Sora scrisse su *Tabor*:

> La mia testimonianza si basa sulla profonda ed intima conoscenza della, persona frequentata in continui colloqui spirituali, nell'apostolato e nell'amicizia della famiglia Gedda, da quando, proveniente da Torino, venne a Roma ad abitare nella parrocchia della Navicella, in Via dell'Amba Aradam.
>
> Mary Gedda, delicata, fragile nel corpo, era fortissima nello spirito, tenace, con illuminata fede nell'esclusivo interesse del bene delle anime e nella continua ricerca della volontà di Dio in ogni cosa.
>
> Non ripeto quello che altri hanno scritto sulle virtù; sottolineo quello che lei significò per me come sacerdote e parroco, cioè: sicuro riferimento e valido aiuto nei problemi delicati, in circostanze difficili. Potevo confidare pienamente nella sua intelligenza, nella sua discrezione e soprattutto nella sua vita interiore.
>
> Il suo ricordo tonifica il mio sacerdozio qui in San Giovanni in La-

terano che confina territorialmente con la parrocchia della Navicella e con la casa della Sig.na Gedda che essa trasformò in tempio durante la sua lunga malattia, mediante i dolori che conteneva per non essere di peso agli altri, alimentandosi del pane eucaristico che io giornalmente le portavo, pane quotidiano di cui non poteva far a meno e che l'aiutava a sopportare con il sorriso sulla bocca i dolori lancinanti anche per aiutare il fratello in momenti molto difficili che sia la Chiesa, sia la Patria attraversavano.

Perenne è la mia gratitudine verso questa anima eletta, vorrei dire, non con enfasi né con retorica, privilegiata, ma solo per testimoniare le grandezze che Dio trasfonde molte volte nelle anime. (Laterano, 10 dicembre 1985).

L'accenno di monsignor Mario di Sora alla malattia di Mary deve essere collegato a quanto cominciò a manifestarsi nel suo stato di salute a Torino durante la vita universitaria. È assai doloroso per me costatare come quei primi sintomi di anemia e di astenia non siano stati inquadrati nella malattia che venne manifestandosi a Roma e perciò curati allora solo con medicamenti generali e cure climatiche. A Roma la malattia rivelò la sua vera natura osteopatica quando si verificò una frattura spontanea del collo femorale sinistro che provocò l'irrigidimento funzionale di questo arto, obbligando Mary a una lunga e sofferta degenza durante gli anni cinquanta, dalla quale si riprese a fatica ma sempre con gli esiti funzionali di quella frattura che limitavano la sua deambulazione e, particolare per lei singolarmente triste, le impedivano di inginocchiarsi in casa e in chiesa per recitare le sue preghiere.

Nonostante i dolori e i limiti dei suoi movimenti, Mary era più che mai la coordinatrice delle mansioni domestiche, dei rapporti telefonici e di gran parte del mio lavoro, come dirò meglio in seguito.

Nella stanza di Mary si alternavano le persone non solo per dimostrarle affetto e premura, ma anche perché sapevano di poter riavere da lei esempio e consiglio. Il pensiero di monsignor Di Sora che ho prima riportato era condiviso da molti. Fra questi, ricordo le lunghe e frequenti visite di monsignor Giuseppe De Luca che volle portare a Mary ben novantasei volumi della sua «Raccolta di studi e testi di storia della letteratura» intrattenendosi con lei sugli aspetti del suo incomparabile lavoro di ricerca e di apostolato nei campi sconfinati della cultura umanistica, della fede e della ecclesiologia.

In queste frequenti visite a Mary ritrovo l'esattezza di quel profilo di Giuseppe De Luca che don Ennio Francia scrisse quando Mario Picchi pubblicò il carteggio intercorso fra De Luca e Papini: «Un così furibondo lavoro non poteva essere sostenuto se non da una doviziosa vita interiore. Ci sono delle tenerissime confessioni di questo "prete romano", come si firmava fin dall'inizio quando scriveva a Papini, per es. questa: "vario tempo non posso fare a meno di dedicarlo alla preghiera: non c'è tempo che mi basti dinanzi al Signore per dirgli tante cose"».

E altro tempo egli lo dedicava frequentando un'anima la quale, senza parole, gli parlava di Dio.

Alla malattia di fondo che invadeva lentamente l'organismo di Mary si aggiunse una forma acuta quando inaspettatamente nel 1970 si manifestò una colica epatica per cui dovette essere ricoverata d'urgenza nel reparto di chirurgia di Villa Flaminia e qui operata di colecistectomia, nel maggio di quell'anno.

Ad assisterla nella sua degenza in casa e nel ricovero in luoghi di cura, come pure nella sua frequenza alla chiesa quando era possibile, e nei suoi viaggi faticosi in Italia e all'estero, Mary ebbe al suo fianco le religiose del Santo Volto delle quali ricordo i nomi: suor Basilia, suor Illuminata, suor Angelina, suor Celina, suor Placidia, suor Adele e suor Costantina. Due di loro, alla morte di Mary, vollero scrivermi le impressioni che ricevettero in quest'opera di assistenza, testimonianze che in parte riporto rinnovando a quante ho ricordato e alle superiore del tempo i sentimenti della mia riconoscenza. Suor Angelina Furlan scriveva:

> Il mio incontro con la signorina Mary non è stato casuale. Credo nei disegni della Divina Provvidenza, e sono convinta che la mia conoscenza con Mary Gedda è stato un dono che il Signore mi ha fatto per convalidare la mia vocazione. Ero giovane suora quando la conobbi e posso affermare che da essa la mia vita di religiosa ha tratto grande

giovamento. La Mary mi ha insegnato a pregare bene; quando la vedevo pregare, o io stessa pregavo con lei, mi sentivo più attenta, più partecipe della preghiera, e così ho continuato a fare, ed ora quando prego mi sembra ancora di riascoltare quella voce sottile e dolce, nel ripetere senza ombra di monotonia e senza stancare, quelle invocazioni litaniche «non mea voluntas, sed tua fiat».

Questo mi riporta ad una considerazione che facevo nei periodi che le sono stata vicina: la sua grande disponibilità. Disponibilità alla Volontà del Padre – e disponibilità verso i fratelli. Per me che ho fatto voto di obbedienza, è stato un grande esempio.

Nelle notti in cui le facevo assistenza, ho potuto costatare personalmente che Mary sapeva accettare e resistere alla sofferenza; per chiedere un qualsiasi aiuto, doveva proprio averne bisogno!

Ora mi rammarico di una sola cosa, che nel conto del dare e dell'avere, io ho ricevuto moltissimo da lei, e forse le ho dato molto poco, o meglio, le ho dato quel «poco» che avevo.

Analogamente Suor Adele Salvador:

È con immenso piacere che manifesto le mie impressioni sulla Signorina Mary Gedda. La conobbi bene. Fui infatti con lei dal settembre 1968 all'ottobre del 1979. In seguito l'ho incontrata ancora ripetutamente fino al 1983 quando non la vidi più. Le nostre buone relazioni di amicizia continuarono e di tanto in tanto ci si sentiva a mezzo del telefono. L'ultima volta che l'ascoltati e le parlai fu alla vigilia di Natale del 1984.

Dirò subito che il suo ricordo mi dà la gioia delle cose belle, e, aggiungerò, «delle cose più belle» perché non è possibile pensare alla santità se non vedendola al vertice di ogni altra realtà, trovando che in essa vi è un palese accostamento con Dio attraverso una testimonianza autentica. Era questa la prima impressione che si aveva accostando la signorina Mary ed anch'io, religiosa del Santo Volto, ne restavo ammirata e conquistata trovando nel suo esempio un tema per la mia meditazione ed un richiamo di ascesi che mi edificava.

Per me costituiva una vera gioia sentirla parlare e riferirsi al Gesù del Getsemani ed anche al Santo Volto di Gesù, sia per uniformarsi in tutto alla divina volontà del Signore e sia per fare dei suoi dolori ed anche delle immancabili sofferenze morali, una generosa offerta per più svariati scopi riferiti alla Chiesa, al Santo Padre, ai peccatori, ai sacerdoti, agli «operai» e soprattutto perché le iniziative del fratello fossero benedette dal Signore.

Quando poi si metteva in preghiera o si concentrava in qualche meditazione, mi dava l'impressione che fosse assorta in una contemplazione diretta dei misteri di Dio, così che anch'io, mi trattenevo dal disturbarla, se non per veri ed urgenti motivi. Non la vidi mai esigente; fu sempre contenta di ciò che le si dava e sempre cordiale per ogni attenzione che le si usava, richiamandomi all'esempio di Gesù che da ricco che era si fece tanto povero da non avere neanche una pietra dove posare la testa. La stessa pazienza e longanimità la ebbe con quanti ricorrevano a lei o per un motivo o per l'altro, spesso fuori dei limiti a cui devono attenersi la discrezione e la prudenza. Sapeva compatire tutti, ed a tutti distribuiva quel celeste sorriso, che rivelava il suo animo buono e soprattutto pieno di Dio.

Nell'eucarestia vedeva, sentiva, trovava Gesù. Lo diceva lei, ma lo dava anche a vedere. Non solo non volle mai lasciare di fare la Comunione, neanche quando non le fu più possibile prendere parte alla messa, usava dividere la sua giornata in queste due particolari intenzioni di preparazione e ringraziamento alla Comunione.

Le volevano bene tutti. Anche lei volle bene a tutti e quando poté dare del bene, lo fece con generosità pari al suo grande animo. Per questo ricorrevano a lei da ogni parte. Penso che sia stata anche una donna di consiglio; non riuscirei diversamente a spiegarmi perché molti le volessero parlare e perché tanti, tornando dal suo incontro, si mostrassero lieti e felici.

Non si mostrò mai infastidita del telefono e delle visite e tutto questo avveniva quasi di continuo. A conclusione di questi miei rilievi dirò che non mi stupirei se il Signore operasse prodigi per intercessione di Mary Gedda.

7

«ET VENIUNT IN PRAEDIUM, CUI NOMEN GETHSEMANI» (Mc 14,32)

Negli anni di guerra che abbiamo vissuto a Porta Metronia una preoccupazione di Mary furono i miei richiami al servizio militare come ufficiale medico di complemento. Fui mobilitato due volte presso un ospedale da campo a Cagliari e poi congedato. Successivamente presso un ospedale militare di Perugia fra il giugno e il settembre del 1940. Tornai anche da Perugia congedato ma con il carico di gravi problemi riguardanti la Gioventù di Azione Cattolica, di cui ero presidente centrale, la quale aveva i suoi quadri dirigenti e i soci «effettivi» dispersi sui campi di battaglia in Europa, in Africa, sui mari e sui campi d'aviazione per le più rischiose imprese militari. Altri problemi riguardavano la vocazione di numerosi giovani cattolici che era quella di essere e rimanere dei laici autentici per corrispondere ai bisogni di capillarizzazione del messaggio evangelico fra i popoli nel dopoguerra.

Per questo, rientrando in Roma, pensai di raccogliere i miei pensieri durante il periodo natalizio trascorrendo alcuni giorni presso il monastero dei Passionisti, a breve distanza da casa mia.

Furono giorni che decisero del mio futuro perché una sera, mentre il *black out* di guerra incombeva sulla città, passeggiando nel vasto giardino del monastero, incontrai il Getsemani. Voglio dire che se, in passato, l'episodio evangelico della notte di angoscia vissuta dal Salvatore nell'imminenza della sua passione mi era noto essenzialmente da un punto di vista storico, da quel giorno divenne il motivo della mia riflessione spirituale, il ponte che mi permette di capire il mistero del dolore che si affaccia nella vita di ogni uomo e richiede di essere superato ricercando e accettando la volontà di Dio.

In quel parco extraterritoriale del monastero dei santi Giovanni e Paolo, Pio XI volle che fosse collocata una statua ricevuta in dono, che rappresenta Cristo prostrato sopra un masso con il volto rigato da gocce di sudore, il quale, triste fino alla morte, rivolge a Dio suo Padre le parole scolpite su quella pietra: «Non mea voluntas, sed tua fiat» (Lc 22, 42).

Questo incontro diradò le tenebre che erano intorno a me e tutto divenne chiaro. Se anche le vicende politiche ci avevano portato alla guerra e questa a una devastazione dell'organizzazione cattolica e a un futuro incomprensibile per i destini della Chiesa e dell'Italia, bisognava credere che gli avvenimenti fossero sorvegliati dalla volontà di Dio e da questa ricondotti nel solco della redenzione ossia della salvezza. Il Cristo del Getsemani esemplifica e insegna che la tensione dell'angoscia può risolversi nel *fiat* di chi accetta la volontà di Dio, che trascende e supera ogni prospettiva umana.

Con questo frutto tornai rasserenato a casa e comunicai a Mary la mia scoperta ed essa partecipò del mio pensiero, ma non disse nulla del fatto che essa aveva scoperto il Getsemani prima di me, nel periodo d'inizio della sua malattia e di cui scrisse allora alla Jucci, come io venni a sapere solo recentemente, dopo la sua morte.

Mia sorella neppure mi disse, allora, di aver trovato fra le carte autografe della nostra mamma, quelle pagine che essa usava come traccia per la meditazione del Getsemani secondo il consiglio dato dal Sacro Cuore a santa Margherita Maria Alacoque.

Di questa anticipazione devozionale della nostra mamma conoscevo solo un riflesso che però non avevo mai collegato al Getsemani e precisamente quella frase suggerita da una sua amica a papà quando fece stampare il ricordo funebre di Marianna Gedda-Calderoni e che ho già riferito: «Se Gesù così vuole, perché non lo voglio anch'io?».

La pace spirituale prodotta dalla cognizione che Getsemani vuol dire abbandono fiducioso dell'anima alla volontà di Dio, fu tale che ritenni mio dovere di renderne partecipi quanti erano vicini a me, per motivi di amicizia e di esperienza religiosa, ossia un gruppo di dirigenti dell'Azione Cattolica anch'essi travolti e angosciati per le condizioni create dalla guerra.

L'operazione non fu semplice perché i rapporti, a motivo della guerra, erano saltuari, difficili e perché la partecipazione ad altri della mia riflessione richiedeva un collegamento nuovo e diverso, tale da non turbare anzi da rafforzare la vita dell'organizzazione che operava sul piano di una spiritualità essenziale, condensata nel trinomio «preghiera, azione, sacrificio», consegna sacrosanta che risaliva al pontificato di Pio IX e aveva prodotto frutti di santità nel laicato e vocazioni innumerevoli nel periodo del dissidio fra Stato e Chiesa e poi dai Trattati Lateranensi fino al presente. Scuola di apostolato e di ascetica la Gioventù Cattolica aveva irradiato il suo spirito nei rami di Azione Cattolica sorti successivamente.

Nell'economia organizzativa occorreva rispettare il passato e costruire, nello spazio riservato alla libertà interiore, un modello capace di interessare e dissetare le anime alle acque sorgive della volontà di Dio.

Furono necessari quasi due anni per risolvere il problema che le incalzanti e peggiorative condizioni della guerra rendevano più urgente, ma infine fu la similitudine usata da Gesù nella sua predicazione in Galilea, che lo risolse.

Scrive Matteo: «Gesù percorreva tutte le città e i villaggi, insegnando nelle loro sinagoghe, predicando il Vangelo del Regno e curando ogni malattia e infermità. Vedendo le folle ne sentì compassione perché erano stanche e sfinite, come pecore senza pastore. Allora disse ai suoi discepoli: "La messe è molta, ma gli operai sono pochi! Pregate dunque il padrone della messe che mandi operai nella sua messe"» (Mt 11,35-38).

Scrive Luca: «Dopo questi fatti il Signore designò altri settantadue discepoli e li inviò a due a due dinanzi a sé in ogni città e luogo dove stava per recarsi. Diceva loro: la messe è molta, ma gli operai sono pochi. Pregate dunque il padrone della messe perché mandi operai per la sua messe. Andate: ecco io vi mando come agnelli in mezzo a lupi; [...] in qualunque casa entriate, prima dite: Pace a questa casa» (Lc 11,1-5).

La qualità di *operaio* attribuita da Gesù a chi avverte di essere chiamato alla evangelizzazione faceva al caso nostro anche perché Gesù stesso fu operaio nella bottega artigiana del fabbro di Nazareth, e questo nome ci assimilava alla classe lavoratrice particolarmente esposta, nel nostro tempo, alla dissacrazione.

Era necessario un incontro e questo avvenne nei primi giorni del settembre 1942 a Roma nella Cripta dei papi delle catacombe di San Callisto per l'eucarestia del mattino e nel monastero del Celio per le adunanze e l'alloggio. Eravamo in tredici e si convenne di fondare la Società Operaia in base a una carta istituzionale chiamata Simbolo perché non era possibile, in così breve tempo, redigere uno Statuto mentre urgeva di fissare le caratteristiche della nostra «volontà comune» prima che gli avvenimenti bellici ci separassero.

Infatti le truppe dei tedeschi e degli alleati stavano per contrapporsi sulla linea gotica e il territorio nazionale stava per essere diviso in due tronconi.

Il 2 settembre il testo del Simbolo fu redatto in casa mia e approvato dagli «operai» presso la grotta del Getsemani nel monastero del Celio. Mi sembra opportuno di riportarlo nel contesto di questa biografia sia per maggiore chiarezza di quanto prima esposto, sia perché Mary da quel giorno si considerò *toto corde* e in anticipo «operaia di Cristo». Infatti allora, nel nostro gruppo, non vi erano delle donne. Eccone il testo:

> Noi crediamo in Dio Padre e lo ringraziamo per la vocazione che ci diede.
>
> Noi crediamo in Dio Figlio e ci consacriamo come suoi «operai».
>
> Noi crediamo in Dio Spirito Santo e gli chiediamo i lumi per bene intendere la via delle opere alla quale vogliamo dedicarci con spirito di santificazione, così che ogni opera venga anzitutto costruita con la preghiera, il sacrificio e le virtù cristiane; con spirito di rinuncia così che ogni opera costruita non appartenga agli «operai» come tali ma alla Chiesa attraverso le persone e gli enti che naturalmente devono possederla; con spirito di rispetto per le altre organizzazioni, iniziative e persone.
>
> Noi crediamo in Maria nella sua onnipotente intercessione e le chiediamo di poter conoscere e fare la volontà di Dio per confortare i dolori di Gesù nel Getsemani; le chiediamo inoltre di servire la Chiesa e

il Papa con il cuore ardente dei primi cristiani e secondo i bisogni dell'ora che volge.

Sia aperta la nostra via a quanti comprendono la bellezza e siano tutti al cospetto di Dio e del mondo, buoni «operai».

Così sia.

Per commentare brevemente il contenuto del Simbolo della Società Operaia utilizzo uno scritto di padre Aurelio Dionisi, sj, che Mary pubblicò su *Tabor* un anno prima della morte con il pretitolo *Storia della Società Operaia.*

Non conoscevo, fino a poco tempo fa, questo «Simbolo e ringrazio di cuore il carissimo Prof. Gedda che me ne ha fatto dono, Nella lettura meditata del testo non mi ha molto sorpreso la perfetta professione di fede che esso contiene e neppure la consacrazione a Cristo della Società perché l'una è l'albero su cui l'altra germoglia e le si ritrovano, con formulazioni diverse, in tutti i simboli che esprimono l'autentico cristianesimo vitale. Invece sono stato fortemente attratto e affascinato dal desiderio ardente che vi si manifesta di «conoscere e fare la volontà di Dio per confortare i dolori di Gesù nel Getsemani».

In realtà, già diceva il cardinale Newman nei *Discourses addressed to mixed Congregations* il Getsemani è «un brano evangelico di una profondità ininvestigabile e porge inesauribile materia di contemplazione». Le seguenti riflessioni, pertanto, possono essere di un piccolo aiuto alla Società Operaia che contempla la notte del plenilunio di Nisan, trascorsa da Gesù sotto gli ulivi del Getsemani nell'imminenza di compiere l'infinita opera della Redenzione.

Il mistero del Getsemani è presentato dai quattro evangelisti con accentuazioni diverse, secondo la particolare ispirazione avuta dallo Spirito Santo. Componendo insieme le diverse angolazioni di prospettiva abbiamo la visione integralmente illuminante la Società Operaia, che segue il Grande Operaio.

Matteo e Marco rivelano particolarmente l'estrema debolezza della carne (Mt 26,37-39; Mc 14,33-36).

Essi dicono che Gesù provava una paura crescente, una tristezza mortale e sentiva angoscia e rigetto per quello che stava per accadere, tanto che, prostrato nella polvere, pregava il Padre di allontanargli quel calice. I non credenti, come Celso e Porfirio, da questo abbattimento estremo di Gesù desumono che egli non solo non è Dio, ma che anche come uomo è di molto inferiore alla grandezza morale di alcune figure storiche dell'antichità. E si sa che alcuni apologisti dei primi tempi stentavano a trovare argomenti per rimuovere tali giudizi negativi.

Luca invece, pur manifestando la debolezza della carne, mette in risalto il conforto che riceve dall'alto mentre pregava più intensamente (Lc 22,43-14).

Egli è confortato dall'amore del Padre per l'umanità, per la quale vuole l'offerta sacrificale del Figlio Incarnato, l'unica che gli sia gradita per la salvezza del mondo. Perciò il suo cuore tormentato, dimora di tenerezza e d'amore, incominciò alla lunga a essere travagliato e a battere con veemenza al di là della sua natura – scrive Newman considerando i «dolori mentali di nostro Signore durante la sua passione» – «Le fondamenta del grande abisso furono sconvolte; le rosse correnti irruppero copiose e feroci da far straripare le vene e, scoppiando dai pori, stesero una densa rugiada su tutta la pelle; poi, prendendo forma di gocce, stillarono più copiose e pesanti, e intrisero la terra». In realtà, come dice la liturgia della Chiesa, nel Getsemani «mors et vita duello conflixère mirando»: vince l'amore e Gesù va incontro alla morte salvifica.

Giovanni, che nel giorno delle Palme ha già rivelato la tristezza dell'anima del Signore e del conforto che riceve dal divin Padre (Gv 12,20-28), nel Getsemani parla soltanto del cammino verso la gloria. Infatti Gesù lascia il Cenacolo per recarsi al Getsemani dicendo: «Perché il mondo sappia che io amo il Padre, alzatevi e andiamo»; e vi si reca come per un appuntamento, sapendo che Giuda vi sarebbe arrivato con soldati e guardie. Quando arrivano, egli stesso va loro incontro, «conoscendo tutto quello che gli doveva accadere», e si fa riconoscere, indietreggiando tutti e cadendo a terra, appena egli dice: «Sono io». Perché non si perda nessuno di quelli che il Padre gli ha dato, dice ai nemici venuti per arrestarlo: «Se dunque cercate me, lasciate che questi se ne vadano». Ordina a Simon Pietro, che vuole difenderlo: «Rimetti la tua spada nel fodero», e dice con enfasi: «Non devo forse io bere il calice che il Padre mi ha dato?». E così si lascia afferrare, legare e condurre verso la morte gloriosa.

A questa triplice prospettiva del mistero getsemanico fa riscontro un triplice messaggio.

Il messaggio di Matteo e Marco dice che non sono riprovevoli e da biasimare, quasi fosse una colpa morale, quanti provano la debolezza della carne e sentono un'angoscia mortale nei momenti difficili e nell'imminenza di sostenere una dura prova; e neppure sono da biasimare, come chi si volta indietro dopo aver messo mano all'aratro, coloro che nel dolore chiedono, se è possibile, che sia allontanato il calice amaro. Tutto ciò è «perfettamente umano» perché ci rende simili al Verbo incarnato il quale, avendo preso un corpo come il nostro, non assume una maschera d'impassibilità ma mostra la realtà di un volto sfigurato e di un'anima sconvolta. Tutto ciò è anche «perfettamente divino», perché ci rende simili al Figlio di Dio, che non si oppone minimamente alla volontà del Padre.

Luca ci trasmette un secondo messaggio nel quale si afferma che qualsiasi debolezza della carne e angoscia dell'anima è superata, nell'intensità della preghiera, con la forza dell'amore. Quando si prega intensamente e si vuol fare la volontà del Padre, dall'alto ci viene un conforto che dà la gioia di sopportare le sofferenze con Cristo, come scriveva l'apostolo Paolo alla Chiesa di Colossi: «Sono lieto di completare nella mia carne quello che manca ai patimenti di Cristo, a favore del suo corpo che è la Chiesa» (Col 1,24). Del resto, la storia della Chiesa è una permanente testimonianza di questa verità: con l'amore di Cristo le anime ritenute deboli diventano forti e resistono a tutte le tempeste; senza l'amore di Cristo le anime ritenute forti si mostrano deboli e crollano di fronte alle tempeste da cui sono investite.

Il messaggio di Giovanni, infine, annunzia che Gesù si aspetta da tutti i suoi discepoli – e vorrei dire che in modo particolare si aspetta dalla Società Operaia che vuole operare «con il cuore ardente dei primi cristiani e secondo i bisogni dell'ora che volge» – di muoversi con decisione e andare incontro ai loro nemici con la piena consapevolezza di quanto potrà accadere, senza che nessuno riesca ad impedir loro di bere il calice che il Padre ha preparato. Alle anime amanti è riservato il cammino della gloria.

Con il Simbolo posto come un suggello alla fondazione della Società Operaia si concludeva, anche per Mary, un periodo chiamato della «preistoria», ossia di ricerca incessante e appassionata della via spirituale da seguire per dare compiutezza alla nostra vita di apostolato nell'Azione Cattolica, consona alla nostra esperienza di laici, conseguente al passato e utile, come a noi sembrava, per diffondere l'annunzio del Vangelo nella società del dopoguerra secondo le mentalità, i problemi e il linguaggio adeguati alla cultura del duemila.

Il *Getsemani* di Casale Corte Cerro. *Sopra:* veduta aerea; *sotto:* interno della chiesa superiore; *nella pagina a fianco:* la cappella dello Spirito Santo.

La rivista fondata da Luigi Gedda con la sorella Maria.

Il professor Gedda a San Giovanni Rotondo con monsignor Angelini e Padre Pio mentre legge la "Preghiera del Medico".

Parrocchia di Casale Corte Cerro

Il sabato 3 maggio ritorna nella sua casa la serva di Dio Maria GEDDA.
Alle ore 10 nella Chiesa parrocchiale di San Giorgio saranno raccolte le sue spoglie mortali. Seguirà la Santa Messa durante la quale chiederemo al Signore che glorifichi la sua Serva perché sia innalzata agli onori degli altari.

Manifesto affisso nel Comune di Casale Corte Cerro per la traslazione della Serva di Dio dal Cimitero Verano di Roma.

Articolo dell'*Osservatore Romano*, 10 maggio 2003.

Le spoglie mortali traslate a Casale Corte Cerro, nel novarese

La serva di Dio Maria Gedda: una vita spesa nell'esercizio delle buone opere e come preziosa collaboratrice del fratello Luigi

AGOSTINO MALTARELLO

Casale Corte Cerro, ridente paesino delle prealpi, tra il Mottarone e il monte Orfano, diocesi di Novara, ha accolto nei giorni scorsi le spoglie mortali della serva di Dio Maria Gedda. Deceduta a Roma nel 1985, dopo una vita spesa nell'esercizio delle buone opere e come preziosa collaboratrice del fratello Luigi, venne aperta presso la diocesi la causa di beatificazione, passata successivamente alla Congregazione delle Cause dei Santi.

La salma, è stata collocata nella chiesa parrocchiale S. Giorgio di Casale, paese materno della serva di Dio, nel quale il prof. Luigi costruì la prima casa di esercizi spirituali della Società operaia, da lui fondata, con la collaborazione della sorella, nel 1942.

La cerimonia, con la partecipazione dei fedeli di Casale e numerosi iscritti alla società operaia, convenuti da Roma, Torino, Milano e Bergamo, è iniziata con la concelebrazione della S. Messa da parte del Padre Lucio Migliaccio, postulatore della causa, del parroco don Enrico Manzini e di Mons. Fabrizio Penna, che rappresentava il Vescovo di Novara. I tre sacerdoti hanno illustrato la vita e le opere della serva di Dio che, colpita da emiparesi e costretta a restare in casa su una sedia a rotelle, riceveva ogni giorno la visita di membri della Società operaia, di fedeli affascinati dalla sua spiritualità, dalle sue parole e dal suo esempio.

Il messaggio che Maria Gedda lascia ai cristiani di oggi è quello stesso di Gesù, quando disse «la messe è molta, ma gli operai sono pochi» e quando, nell'agonia del Getsemani, implorando l'intervento del Padre, disse «non la mia, ma la tua volontà sia fatta».

Nelle foto: La serva di Dio Maria Gedda ed il «Getsemani» di Casale Corte Cerro

Dall'alto in basso: la sepoltura della Serva di Dio nella chiesa parrocchiale di Casale Corte Cerro; la cappella dove è sepolta; l'esterno della tomba.

Getsemani di Paestum (Salerno): il professor Luigi Gedda, agiografo della Serva di Dio, padre Lucio Migliaccio O.M.D., postulatore, l'architetto Ildo Avetta Ponente, per la causa di Beatificazione.

L'arca sepolcrale di Luigi Gedda al Cimitero Verano di Roma.

La nostra era una scelta fra le molte che si aprivano allora di fronte al laicato da parte di terzi ordini, confraternite e specialmente istituti secolari che Pio XII aveva ratificato con il decreto *Provida Mater Ecclesia,* del 2 febbraio 1947 collocandoli alle dipendenze della Congregazione dei Religiosi. In questo modo il grande pontefice due volte romano aveva esaltato la presenza del laicato nella Chiesa anticipando lo spirito della *Lumen gentium* e della *Gaudium et spes* del concilio Vaticano II

Questo spirito animava anche la nascente Società Operaia, ma la nostra era una scelta creativa in quanto desiderava distinguersi dalle forme di consacrazione dei laici con emissione di voti perché la vita dell'«operaio» potesse più efficacemente affermarsi nel contesto sociale senza modificare le caratteristiche del semplice laico, ossia di «laici come laici» per usare l'espressione corrente in quel primo incontro romano.

Un aspetto nuovo della Società Operaia consisteva nel collegare la nostra vocazione al mistero di Gesù nel Getsemani, perché questa spiritualità assicura all'«operaio» spesso isolato, incompreso, impaurito e tradito, il modello palpitante dell'Uomo-Dio di cui l'«operaio» ha bisogno per accettare, adorare e servire, in ogni caso, il volere di Dio.

Il racconto del Getsemani narrato da Giovanni, incomincia con queste parole: «Gesù uscì con i suoi discepoli, al di là del torrente Cedron, ove era un giardino nel quale entrò egli e i discepoli suoi» (Gv 18,1). Marco completa: «E vengono in un podere di cui il nome è Getsemani» (Mc 14,32).

Qualcosa di simile noi sentivamo che era avvenuto e Mary con noi. L'imperscrutabile volontà di Dio, sapiente e amante, aveva condotto i primi «operai» al di là della preistoria di una vocazione nascente, in un giardino chiamato Getsemani.

8

MARY «OPERAIA» DI CRISTO

Avendo preso parte al lungo e travagliato periodo della focalizzazione di un laicato autentico, senza voti religiosi ma impegnato a mettere ogni sua forza a servizio delle anime in cerca di verità, e avendo previsto la fecondità dello spirito getsemanico per chi lavora nelle opere promosse da questo laicato, Mary si considerò «operaia» prima che fosse decisa la costituzione della Società Operaia Femminile.

La comparsa esterna di Mary nella vita della Società Operaia fu quando la mattina del 28 ottobre 1946 tre macchine partirono da Roma alla volta di Montevergine e, dopo una sosta al santuario di Pompei, raggiunsero nella serata il monastero. La comitiva era guidata dal cardinale Fossati arcivescovo di Torino accompagnato da monsignor Brusa e da un gruppo di «operai» che avevo scelto fra i reparti di Roma, Torino e Firenze conducendo con me anche Mary.

Questo viaggio aveva lo scopo di riportare a Torino la santa Sindone che era stata trasportata privatamente in automobile da Torino a Montevergine e consegnata all'abate del monastero da monsignor Brusa il 25 settembre 1939.

Allora infatti, la Casa Savoia, proprietaria della Sindone, preoccupata di portarla in salvo da eventuali offese belliche, chiese di poterla ricoverare presso la Città del Vaticano. La Santa Sede rispose facendo osservare che anche questo ricovero poteva non essere sicuro e il cardinale Maglione, segretario di Stato, consigliò come luogo di sfollamento il santuario di Montevergine che si trova a 1200 metri di altitudine nei pressi di Avellino. Contrariamente alle previsioni, anche il Monastero di Montevergine si trovò per un certo periodo nell'immediata vicinanza del fronte quando avvenne lo sbarco degli alleati a Salerno, ma più fortunato del monastero di Montecassino non fu danneggiato dalle azioni di guerra e usato soltanto come osservatorio dagli italiani, dai tedeschi e dagli americani. In questo modo la Sindone, conservata sotto l'altare nel coro di notte del monastero, fu salva.

Nel giugno 1946, dopo il *referendum* istituzionale, Umberto II scriveva una lettera al cardinale Fossati nella quale veniva affidata all'arcivescovo di Torino la custodia della Sindone, mentre la proprietà veniva rivendicata alla Casa Savoia, essendo dichiarata la reliquia stessa «inalienabile». Il cardinale Fossati, a cui spetta il grande merito di aver ottenuto tale documento evitando che la Sindone fosse trasferita all'estero, stabilì di riportare la reliquia a Torino nell'apposita cappella del Juvara annessa al duomo.

L'invito del cardinale Fossati di associarmi nel trasporto della Sindone da Montevergine a Torino, conseguiva al fatto che ero stato nominato da lui presidente della GIAC di Torino e che poi egli aveva seguito con sentimento di affettuosa paternità spirituale la mia chiamata a Roma da parte di Pio XI e la fondazione della Società Operaia della quale condivideva le motivazioni e la spiritualità. A motivo di questa, particolarmente legata alla passione del Signore, il cardinale Fossati aveva voluto essere accompagnato nel suo viaggio a Montevergine da un gruppo di «operai» di mia scelta.

Fu soltanto a Montevergine che il cardinale Fossati palesò il suo intento di procedere a una rapida ricognizione della Sindone sia per dimostrare la sua riconoscenza ai monaci che l'avevano conservata per sette anni, sia perché il trapasso della preziosa reliquia richiedeva, a scanso di ogni responsabilità, questo accertamento.

La cerimonia ufficiale della riconsegna avvenne intorno alla mezzanotte essendo stata preceduta da una mia conferenza intesa a illustrare la reliquia. La Sindone fu prelevata dal suo ricovero e si formò un corteo di autorità religiose, di monaci e di «operai» oranti che la trasportarono nella sala capitolare dove, sopra un lungo tavolo coperto da tovaglie di altare, l'ostensione notturna ebbe luogo.

La Sindone era contenuta in una duplice custodia costituita dalla cassa di legno rivestita di tessuti preziosi che ordinariamente la racchiude, a sua volta contenuta in una cassa da imballaggio rivestita di tela sulla quale erano stati apposti dei cartelli che recavano la scritta «Reliquiari».

Estratto il rotolo della Sindone celato in un avvolgimento di seta rossa, il cardinale Fossati sciolse gli ultimi nastri e distese il tessuto. Al cospetto della reliquia l'atmosfera di attesa si trasformò in commossa devozione che si espresse nella meditazione e nella preghiera di ciascuno dei presenti. L'ostensione durò venti minuti dalle 0.10 alle 0.30 del 29 ottobre 1946.

Così fu che Mary prese parte a questa cerimonia che ha contrassegnato simbolicamente gli inizi della Società Operaia e che fu uno dei motivi per cui decidemmo di fondare la rivista di vita spirituale *Tabor*. Il primo numero di questa rivista nel quale il recupero della Sindone viene descritto, illustrato e vengono esposti anche i rilevamenti scientifici che allora furono possibili, compare nel successivo gennaio 1947.

Come «operaia», Mary fiancheggiò il lavoro della Società con l'intelligenza, l'intuizione e l'instancabilità di cui era dotata. Molto devono a lei le iniziative maturate nel periodo degli anni dai quaranta ai sessanta.

Per far conoscere il lavoro di Mary come «operaia» di Cristo preferisco lasciare la parola all'architetto Ildo Avetta a cui si deve la creatività edile e artistica di parecchie opere condotte a termine in questo periodo:

> Della partecipazione di Mary a quanto è stato realizzato allo scopo di arricchire la Chiesa, sono stato testimone diretto, non solo come attento osservatore di un'attività offerta silenziosamente, ma anche come fruitore di preziosi suggerimenti.
>
> Questi non mi sono mai giunti come indicazioni sul da farsi, come sarebbe stato umanamente da aspettarsi da una persona che aveva fuso con tanto perfezione la sua vita spirituale con il suo impegno di azione.

Dalle testimonianze di chi l'ha conosciuta è unanime il riconoscimento della sua delicatezza, del suo defilarsi silenziosa dopo un intervento determinante per la realizzazione del bene.

Era straordinaria la sua umiltà nell'impormi un suo convincimento, il quale aveva il potere di farmi riflettere su un risultato che ritenevo di aver raggiunto e di avere saldamente radicato al mio gusto e alla mia esperienza.

Parlerò della realizzazione del Getsemani di Casale Corte Cerro, dato che durante le estati dei due anni che furono necessari per la progettazione e costruzione, sono stato ospite nell'antica casa dei Calderoni-Gedda nel paese, durante i periodi in cui la Mary, in grado di camminare ancora discretamente, continuava la sua attività e trascorreva la sua vita di preghiera nell'ambiente salutare e sereno delle montagne a lei tanto care.

Arrivai con un progetto che mi era costato molta fatica, perché dopo frequenti incontri con il Padre Righini che dirigeva una casa di Esercizi, la Villa Santa Croce sulla collina torinese, credevo di avere ben chiaro il programma di un complesso destinato ai ritiri per la meditazione e la formazione del cristiano. Avevo anche scoperto a Torino la bellezza della vocazione «operaia» e confinato com'ero sulle montagne della Val d'Aosta, avevo approfondito il tema architettonico molto caro: quello della Casa per Esercizi Spirituali. Ecco perché quando nel 1948 Luigi mi parlò del programma di Casale Corte Cerro, aderii ad esso con entusiasmo e piena convinzione. Mi misi subito al lavoro.

La mia era una casa ispirata ai dettami per la ricerca della perfezione interiore dell'anima. Nella Cappella come nelle aule per la meditazione ognuno compiva uno sforzo di astrazione dagli altri esercitandi per porsi frontalmente, da solo, con Gesù eucaristico e con il predicatore. Nel progetto tutto ciò era cercato e anche le camere dei singoli erano confortevolmente capaci per viverci buona parte della giornata in isolamento, con un'apertura panoramica distinta, quasi personalizzata dalla finestra che gli competeva. Anche i corridoi erano curvi per avere la possibilità di vedere il meno possibile i propri compagni di corso.

La Mary, salendo faticosamente nel bosco per un ripido sentiero che dalla casa Gedda conduceva al rustico fienile di proprietà della famiglia, centocinquanta metri più in alto, mi sollecitava a scoprire le bellezze della vallata e dei laghi sottostanti. Di tanto in tanto sostava e quella era l'occasione per recitare assieme una decina del Rosario, per meditare sulla *Via Crucis*, o per dire una coroncina operaia. Senza apparire mi voleva far capire che quella terra acquistata dai suoi antenati per essere coltivata, era stata destinata da Dio a frutti ben più prodigiosi, trasformandosi tutta in Santuario assieme alla casa che su di una parte d'essa si cominciava a costruire.

Ogni salita al cantiere era per lei l'occasione per farmi scoprire, e proprio secondo i quattro punti cardinali, angoli di paradiso terrestre, dove si potevano prevedere sviluppi di luoghi di preghiera per tutti i futuri devoti frequentatori e pellegrini. Erano i luoghi che lei, fin da bambina, aveva prediletto. La cascata del torrente, bella e impressionante, pareva disposta per accogliere la Madonna, come realizzazione della figura del Cantico: «Sorge come l'aurora, bella come la luna, fulgida come il sole, maestosa come schiera a vessilli spiegati [...]». Accanto ad essa, un breve ripiano isolato dal rumore e dall'irruenza del salto d'acqua, si poteva collocare la Memoria dei morti della Società Operaia.

Più in basso, su un belvedere della vallata, san Giuseppe poteva vegliare sul Bambinello e sugli ospiti oranti. La radura nel bosco, sopra il vecchio fienile, era luogo ideale per la collocazione di una statua dell'Angelo consolatore. Sullo strapiombo di quell'immenso sasso chiamato *Runciuni*, era il luogo adatto per la Cappella dello Spirito Santo che scende sugli uomini per realizzare la pienezza dei tempi.

Ma la realtà più significante dell'ascesa spirituale della Mary resta per me il percorso faticoso che facevamo per raggiungere il cantiere. Il richiamo alla Via Dolorosa di Gerusalemme doveva essere modello per la salita alla casa. Molti si chiedono perché non si è fatta una strada carrozzabile. La Mary, che certamente fin da allora prevedeva la sua immobilità e quindi la prossima impossibilità di percorrere il lastricato di granito che si stava facendo, non l'ha mai desiderata, per non rompere l'incanto di un luogo tutto sacro, angolo di montagna aperto e raccolto come segno divino della Creazione. Essa era sicura che quel luogo avrebbe avuto altrettanta efficacia sui buoni frutti degli Esercizi, quanto la casa che, col nostro intervento imperfetto, ponevamo al centro dell'opera possente di Dio.

Nel fulcro della casa un'idea nuova fu quella della cripta. Nella Mary era spontanea la sensibilità della famiglia spirituale che fa dell'Agonia di Gesù il punto d'incontro temporaneo, ma di ininterrotto sostegno, durante l'attuazione delle opere. La disposizione dei banchi forma un cerchio attorno alla statua del Cristo disteso sulla roccia del Getsemani.

Durante quelle estati passarono per Casale Corte Cerro anche gli artisti che si predisponevano a decorare la chiesa, la cripta e i luoghi esterni di cui s'è detto. Le tendenze dell'epoca vi erano ben rappresentate; dal classicismo del Prini, allo spontaneismo di don Coltellini, all'impressionismo geometrizzante di Rossi. La Mary li ascoltava tutti e comprendeva che nelle loro differenze d'espressione c'era la scelta onesta, sincera e sofferta di esaltare Dio attraverso la loro arte. Per lei l'autenticità e la bellezza era in questo fervore di ricerca del Creatore e del Creato attraverso intelligenze e sensibilità inconfondibili, personalizzate. Son sicuro che li sentiva come operai della messe e loro, gli artisti, erano stimolati da questa fiduciosa attesa di bello e di bene. Posso testimoniare che per alcuni di essi (anche un marxista e un mazziniano) c'era la convinzione che dai credenti in Cristo non era possibile aspettarsi che la richiesta di immaginette stereotipate e sdolcinate; l'incontro con Mary fu una rivelazione che li convinse ad approfondire la ricchezza d'ispirazione che offre la Fede.

Ho parlato di «immaginette» e qui devo riconoscere che mi ci è voluto molto tempo a capacitarmi che la stessa convinta persona che aveva compreso gli esponenti di un'arte d'avanguardia, incoraggiasse la scelta di statuine e medagliette da esporre nelle rivendite di oggetti religiosi. Non le nascosi la mia perplessità e lei, con la dolcezza abituale, mi persuase della coerenza della sua convinzione: gli artisti realizzano il bene che hanno la capacità di trasmettere; non tutti però possono esserne ricettori perché le loro opere vanno capite attraverso la preparazione e lo sforzo. Solo con questi si può intendere l'espressione della grandezza, della bontà e della potenza di Dio, contenute in un quadro o in una scultura d'autore. Per la gran parte dei fedeli la luce d'una vetrata, la tecnica d'un mosaico può essere bella ma non ha poteri edificanti.

Per la Mary tutto doveva trascinare a Dio, tutti dovevano essere stimolati a raggiungere quello squarcio d'ascetismo che il Signore ci permette. Anche l'immaginetta ha questo potere e lei la univa con naturalezza alle cose grandi che servono alla gloria di Dio.

Ho lasciato volentieri molto spazio alla testimonianza di Ildo Avetta per documentare la qualità e l'entità della partecipazione di Mary a ciascuna delle opere che assieme avevamo pensato e con Ildo condotto a termine. Analogamente si potrebbe dire per le altre opere ma sarebbe inutile esuberanza. Chi sa o immagina cosa costi, a prescindere dal denaro e dalle implicazioni giuridiche, la creazione di un'opera quanto a contatti personali, sorveglianza sull'adempimento dei progetti e dei tempi, convergenza delle necessità e delle opportunità per l'apertura e l'avviamento, si rende conto del volume di lavoro di Mary che doveva supplire e integrare il fratello sovente distratto o preoccupato da altri impegni.

Ciò che più difficilmente si immagina è la successiva supervisione delle opere la quale se, per alcune, prescindeva da Mary come l'Istituto Mendel e, ovviamente, la parrocchia di Gesù Agonizzante a Vitinia, per i Getsemani del Nord e del Sud cadeva sulle sue spalle come un peso continuato e crescente. Per raffigurare con un esempio questo lavoro riferisco che l'ingegnere Rimero Chiodi, «operaio» del ROD di Bergamo incaricato di raccogliere offerte per il Getsemani di Casale, per informarmi del suo lavoro portato avanti con Mary, mi mandò un prezioso *dossier* di 63 lettere fotocopiate che mia sorella gli scrisse nell'arco di tempo 1978-1985

In un contesto così ricco di spiritualità meditata, vissuta e tradotta in opere non stupisce che Mary abbia pensato che anche le donne avrebbero potuto essere delle buone «operaie». La via del Getsemani, come anticipazione della docilità di Gesù al volere del Padre, era stata praticata da una donna, Maria di Nazareth, nel momento del suo *fiat* quando le fu annunziato che sarebbe diventata madre del Figlio di Dio. La via delle opere dimostrava a Mary che anche le donne come laiche potevano essere utili per la mietitura della messe abbondante. Perciò Mary con due amiche intime e fedeli diede inizio alla Società Operaia Femminile (SOF). Ascoltiamo come avvenne questa fondazione nel 1962 e la successiva fusione della SOF nella SO da quanto Mary ne scrisse su *Tabor* (1983, n. 1, p. 1):

> Nel 1942 quando i giovani della GIAC tornarono nelle proprie diocesi dopo il primo corso di Esercizi Spirituali *ad catacumbas* che segnò la fondazione della SO e la stesura del Simbolo, avevano una tale gioia in cuore che non poterono tenere il tesoro per sé soltanto.
>
> Ne parlarono in famiglia, in parrocchia, a conoscenti: fu un incendio che non tardò a diffondersi. Anche delle giovani della Gioventù Femminile furono subito desiderose di partecipare a questa famiglia

spirituale avente come ideale di portare i «laici come laici» a consacrarsi per la vita all'esempio datoci da Gesù nel Getsemani.

Giunsero a Luigi domande di giovani donne impegnate nell'apostolato, da varie diocesi. Trattandosi di un "itinerario" nuovo (che in sostanza si dimostrò un'anticipazione dei pressanti appelli del Concilio per l'apostolato dei laici) egli preferì attendere, cioè verificare come il Simbolo e un primo abbozzo di Statuto e di Regolamento venivano vissuti dagli uomini per aprire la porta alle donne. Passarono vent'anni di preghiera e di meditazione durante i quali, nel difficile periodo del dopoguerra, fiorirono anime di una vita interiore magnifica: Alberto Marvelli, Renato Sclarandi, Sandro Toppino, Giuseppe Bertinotti, Giuseppe Berti, per citare solo i più noti, ognuno è stato un testimone che ha vissuto in pieno la dedizione a Dio e ai fratelli.

Visto il risultato positivo in campo maschile Luigi affidò alla Mamma Celeste l'apertura della Società Operaia anche alle donne.

Eravamo a Roma in tre donne: Celia Santanché moglie di un «operaio», Diana Bertolotti, la prima Direttrice del Getsemani di Casale Corte Cerro e la sottoscritta. Conoscevamo e amavamo la Società Operaia col vivo desiderio che fosse aperta al campo femminile. Quando Luigi ci disse che nella festività dell'Immacolata desiderava che andassimo con lui alle catacombe di S. Callisto per partecipare insieme alla celebrazione eucaristica e dare così inizio ufficiale alla Società Operaia in campo femminile, fu un annuncio di gioia. L'8 dicembre mattina del 1962 P. Naselli Passionista venne con noi e celebrò nelle catacombe di S. Callisto, dove vent'anni prima era nata la SO. Ebbe inizio così il ramo femminile della SO che allora prese il nome di Società Operaia Femminile.

Durante la giornata ci recammo al Convento dei Santi Giovanni e Paolo per pregare presso la statua di Gesù Agonizzante che si trova in una grotta nel giardino del Convento e poi ci trattenemmo a Porta Metronia in casa Gedda a ricordare, meditare e pregare.

Col passare degli anni la Chiesa, esaminando a fondo la SO e la SOF, constatando l'identità delle loro strutture, della spiritualità e delle Opere, le unificò in una sola grande famiglia: la Società Operaia.

È un dono per noi donne essere entrate ufficialmente nei Reparti Operai ed esige corrispondenza. Il Reparto è per la donna una seconda famiglia. Come è piena di premure perché la propria casa sia pulita, ordinata, abbia tutto il necessario, così deve aver cura del Reparto.

Non per criticare ma per portare appoggio concreto alle varie iniziative.

Da sole nulla possiamo, di nulla siamo capaci, ma con il Salmista riponiamo la nostra fiducia nel Signore ripetendogli con viva fede quanto Gli diciamo con i versetti dei Salmi di Compieta: «Mio rifugio e mia fortezza, mio Dio in cui confido». [...] «Dal profondo a te grido, o Signore, Signore ascolta la mia voce», e potremo con gioia concludere: «Tu, Signore mi hai soccorso e consolato».

Della SOF rimane un ricordo nella *Via Crucis* che la Società Operaia ha eretto nel parco del monastero dei Santi Giovanni e Paolo. Lo scultore Peppe Romano, a livello della stazione che ricorda l'incontro di Gesù con la Veronica modellò nel bronzo la sigla della Società Operaia Femminile.

L'inaugurazione di questa *Via Crucis* avvenne con la partecipazione di Mary nel 1982.

Ancora, deve essere rilevato l'interessamento di Mary per la causa di beatificazione dell'ingegnere Alberto Marvelli. Riporto quanto ne scrisse padre Paolo Todaro passionista e padre spirituale della Società Operaia:

> Ricordo il suo gaudio, pacato e sereno, nei successi dell'apostolato nella parrocchia della Navicella in sintonia con i programmi del Parroco, Mons. Mario Di Sora; la festosa letizia che sapeva suscitare tra i non vedenti negli incontri mensili da lei programmati; la sua vera gioia nell'aiutare a definire e poi eseguire la vocazione in clausura, tra le carmelitane della Nocetta, della sig.na Paola, sua collaboratrice domestica. La Mary era per me, sacerdote e religioso, una «struttura univoca con Cristo Gesù». In casa o in clinica, nei luoghi di cura o nei Getsemani, in condizioni anche tormentose del suo male, nulla rallentava il suo lavoro: il suo era un «essere, vivere e agire ovunque e sempre come vera Operaia di Cristo, senza spazi di nullità». Questo spiega la serenità del suo essere, la concretezza del suo agire. Solo chi la visitava con una certa frequenza, si poteva render conto dell'assiduo lavoro e della vasta rete di apostolato che la cara Mary svolgeva nel silenzio del suo ambiente. Fu lei che mi parlò del pensiero di Luigi di far introdurre la causa di beatificazione dell'"operaio" Alberto Marvelli e con lei io stesso programmai i preliminari perché la Postulazione Genera-

le della mia Congregazione (Passionisti) ne assumesse l'incarico. Tutto il mio lavoro di coordinamento tra Luigi, il mio Padre Generale e il Postulatore P. Federico Menegazzo, passò per le mani della Mary; al felice esito di questo programma, la Mary ne fu entusiasta. Se oggi la Chiesa onora già l'Operaio Marvelli come venerabile, sono state infatti riconosciute le sue eroiche virtù, all'inizio di questo cammino sarà sempre presente l'azione silenziosa ma efficace di chi sa, come la Mary, che il silenzio e l'umiltà nulla toglie all'agire.

Alcuni mesi prima che ci lasciasse, celebrai la santa messa nella camera attigua alla sua: rivisse allora nella mia mente l'altra santa messa celebrata, tanti anni addietro, nelle catacombe di S. Callisto durante la quale Mary, con altre poche persone, recitò il Simbolo per consacrarsi come prima Operaia della SO. Una vocazione e consacrazione iniziate ufficialmente in ambienti di martiri e vissute nel fedele stile dei martiri: in quei momenti celebrativi la cara Mary era per me membro dell'Unico Corpo in offerta al Padre nel Sacrificio di redenzione. Rimarrà quindi sempre per me una indimenticabile sorella di intercessione e di mediazione presso la bontà del Signore.

Quando poi, all'inizio degli anni sessanta ebbe luogo il mio matrimonio con Linda, il comportamento di Mary che passava la direzione della casa a mia moglie fu edificante.

Lo sforzo durato così a lungo per vigilare il focolare domestico con il dovuto amore e rispetto per la seconda moglie di nostro padre, affrontando le vicende, a volte turbinose, della mia vita organizzativa e universitaria, veniva ora alleggerito e il lavoro di Mary per la Società Operaia, per la parrocchia e per il prossimo, aveva modo di espandersi e di radicarsi. La sua salute, sempre più cagionevole, poteva giovarsene. Non per questo, però, ma per la nobiltà del suo animo, l'accoglienza che Mary fece a Linda e l'apertura del cuore e della mente verso di lei, segnò un trionfale capitolo della sua vita interiore che rifulse nella nostra famiglia come uno specchio al quale, ancor più di prima, abbiamo confrontato e modulato i nostri sentimenti e il nostro agire.

L'anellino di perle che Linda donò a Mary in quel giorno aveva un intimo significato che Mary apprezzò con reciprocità di affetto.

Agli anni sessanta appartiene un documento che ho rintracciato nelle carte di Mary e che riporto perché oltre alla sua importanza per essere firmato da S. E. monsignor Angelo dell'Acqua, sostituto alla Segreteria di Stato di Giovanni XXIII, dimostra l'attenzione con la quale mia sorella seguiva gli avvenimenti dei personaggi della Chiesa e tanto più se legati a quella zone del Lago Maggiore che lei ben conosceva. Infatti il futuro cardinale e vicario di Sua Santità per la diocesi di Roma era nativo di Sesto Calende.

SEGRETERIA DI STATO
DI SUA SANTITÀ

Gent.ma Sig.na,

mi reco a premura di dare riscontro alla stimata del 9 corr. mese, con la quale Ella, con nobili espressioni avvalorate da fervorose preghiere, augura alla mia cara mamma un pronto ristabilimento in salute.

Mentre la ringrazio di cuore per questo suo gesto di fine delicatezza, ben volentieri formulo per Lei i migliori voti di ogni bene.

Mi torna, infine, particolarmente gradito assicurarLa del mio quotidiano ricordo nella santa messa.

Profitto dell'occasione per conformarmi con sensi di distinta stima.

Di Lei dev.mo nel Signore

ANGELO DELL'ACQUA, Sostituto

Dal Vaticano, 12 gennaio 1965

Il ricordo quotidiano nella santa messa del Sostituto nella Segreteria del Pontefice dimostra come il lavoro dell'Operaia Mary fosse conosciuto e apprezzato.

9

LA RIVISTA TABOR

Come una corrente spirituale maturata nella meditazione della notte di angoscia che Gesù visse nel Getsemani la vigilia della sua passione, abbia potuto ritrovarsi e fiorire in una rivista intitolata *Tabor*, e perciò con riferimento all'episodio più glorificante della vita di Cristo prima della resurrezione, è lui stesso, il Salvatore, che ce lo spiega. Sul colle del *Tabor*, come nella valle del Getsemani egli volle, come testimoni, i medesimi tre personaggi: Pietro, Giacomo e Giovanni.

Per un disegno certamente misterioso, forse di contrapposizione, di prevenzione o di verifica, ma innegabile perché storico, il ponte fra *Tabor* e Getsemani è tracciato nel Vangelo.

Se questo collegamento fu disposto divinamente, perché la Società Operaia non avrebbe dovuto tenerlo in conto, per farne oggetto di ampliamento e ascesi? L'ampliamento corrispondeva allo spirito animatore della Società Operaia di servire la Chiesa secondo le necessità create dal presente storico mediante una rivista di cultura spirituale dedicata ai laici, bisogno che le vicende della guerra e dell'immediato dopoguerra indicavano.

Gli esercizi spirituali nel monastero del Celio durante i quali avvenne la fondazione della Società Operaia ebbero luogo, come si è detto, nel settembre 1942 mentre la seconda guerra mondiale era in pieno sviluppo, e la rivista *Tabor* prese inizio nel gennaio 1946, quando la Costituente elaborava le leggi istituzionali del nuovo stato e le elezioni per la prima legislatura della Repubblica apparivano prossime.

Le preoccupazioni del mondo cattolico italiano erano gravi e specialmente negli ambienti dell'Azione Cattolica dove si temeva che l'incremento organizzativo raggiunto, malgrado il fascismo, puntando con assoluta priorità sulla formazione soprannaturale del militante, potesse affievolirsi nel prossimo futuro non solo dal punto di vista quantitativo, ma anche qualitativo. Si temeva che la presenza di comunisti, socialisti, e laicisti di vario tipo accanto ai democristiani potesse cambiare il volto e il costume cattolico del popolo italiano, come si era costatato, per esempio, a proposito dell'indissolubilità del matrimonio concordatario che fu bocciato dall'assemblea costituente. Le sorti del cattolicesimo nel nostro paese, emblematiche di fronte al mondo per la presenza in Roma della Santa Sede, potevano esercitare un'influenza positiva o negativa sull'intero mondo cattolico.

Questi interrogativi indussero un gruppo di ecclesiastici e laici a creare un'occasione d'incontro e di pensiero non per esercitare azione politica che non era loro compito, ma per approfondire le ragioni e gli sviluppi della fede annunziata da Cristo, illustrata e applicata dal Magistero, esemplificata dai santi e vissuta dalla Chiesa.

Tabor nasceva come un'operazione di aggiornamento religioso e di affiancamento culturale. Fin dal primo numero, oltre alla cronaca dell'ostensione della Sindone a Montevergine, erano presenti articoli di Pietro Parente e di Michele Pellegrino futuri cardinali e di monsignor Salvatore Garofalo professore di esegesi biblica.

La collaborazione a *Tabor* raccolse molti altri nomi di prestigio come quelli di Pericle Felici, Pietro Palazzini, Mario Luigi Ciappi, Marco Cè, Giuseppe De Simone (don Pinuzzo), Ildo Avetta, Giuseppe De Luca, Giovanni Calabria, Antonio Coiazzi, Adolfo Barberis, Onorato Tescari, Nello Vian, Giovanni Getto, Domenico Caligo, Elio Venier, Nino Badano, Oscar Luigi Scalfaro, Agostino Maltarello, Sergio Obolensky, Carlo Lovera di Castiglione, Paolo Brezzi, fratel Leone delle Scuole Cristiane, Gesualdo Nosengo, Diego Fabbri, Cosimo Petino, Armando Fares, Giuseppe Del Ton, Alberico Vitalini, Reginaldo Garrigou-Lagrange, Pio Paschini, Giulio Belvederi, Enrico di Rovasenda, Antonio Bruers, Roberto Paribeni, Gennaro Auletta, Albino Galletto, Carlo Carbone, Luigi Andrianapoli, Giuseppe Ferretto. Questo succinto elenco di alcune fra le persone che scrissero sulle pagine di *Tabor* dicono, più di parole anonime, con quale interesse i cattolici italiani guardassero a *Tabor*. Particolarmente significativa la collaborazione di Enrico Medi professore di fisica all'università su *La struttura della materia* e di Luigi Fantappiè docente di alta matematica su *La scienza, testimone di Dio* che hanno puntualizzato su *Tabor* il significato religioso della ricerca scientifica, oggi in pieno sviluppo.

L'indirizzo ufficiale della rivista era in Via della Conciliazione 10 presso l'Unione Uomini di Azione Cattolica, ma la segreteria lavorava a Porta Metronia e Mary Gedda ne era la titolare.

In casa nostra si riuniva il comitato di redazione a cui appartenevano i futuri cardinali Pietro Parente, Pietro Palazzini e altri fra cui monsignor Piolanti, intrepido postulatore della causa di beatificazione di Pio IX. I delicati rapporti fra autori, lettori e rivista erano mantenuti da Mary che riuscì a procurare altre collaborazioni pregiate che sono diventate, con il tempo, ancora più importanti come quelle di padre Mariano da Torino e del professore Eugenio Zolli. Padre Mariano, con il nome di Paolo Roasenda e con un anno di anticipo nel *curriculum* universitario, aveva conosciuto Mary frequentando la facoltà di lettere dell'università di Torino e anche per la sua attività come delegato per le missioni della GIAC torinese di cui chi scrive era il presidente. Diventato cappuccino e sacerdote, padre Mariano si trasferì a Roma dove, con la sua voce calda e il suo umanissimo pensiero cristiano, divenne un celebre parlatore della RAI. Le sue rubriche alla radio «Casa serena» e «Sorella Radio», come quelle alla televisione «In famiglia» e «La posta di padre Mariano» sollecitavano l'ascolto di innumerevoli famiglie e sono ricordate anche oggi che di padre Mariano è incominciato il processo di beatificazione[1]. Mary ottenne dalla sua penna, non meno suasiva della sua voce, sei articoli pubblicati da *Tabor* tra il febbraio 1947 e il novembre 1951.

Un altro imprevisto e importante collaboratore fu il professore Eu-

[1] Cfr. M. De Pobladura, E. Bronzetti, M. D'Alatri, *Un apostolo del nostro tempo. Padre Mariano da Torino*, Roma 1974.

genio Zolli, come si firmava su *Tabor* quello straordinario personaggio che fu il rabbino Israel Zoller, capo della Comunità Israelitica di Roma. La sua conversione al cattolicesimo recava alla Chiesa cattolica una duplice testimonianza: quella del riconoscimento di Gesù come il Messia vaticinato dai profeti che Zolli ben conosceva e quella della sua ammirazione e riconoscenza verso Pio XII di cui volle assumere il nome in occasione del battesimo. Questa ammirazione rientra nel quadro della sollecitudine di Pio XII verso gli ebrei di Roma, come verso gli ebrei perseguitati in altre zone d'Europa mediante l'opera di un santo cappellano dei treni-ospedale, don Pirro Scavizzi[2].

Eugenio Zolli scrisse per *Tabor* quattro articoli fra il 1947 e il 1949.

L'importanza di Mary nella redazione di *Tabor* andò subito aumentando perché la presidenza centrale degli Uomini Cattolici che mi era stata affidata nel 1947 mi impegnò molto per il convegno del XXV dell'organizzazione e, subito dopo, l'incarico di preparare i cattolici italiani alle prime elezioni politiche assorbì tutto il mio tempo.

Per quanto nel gennaio del 1948 la nostra famiglia abbia molto sofferto per la morte di Papà, Mary, superando il dolore con la dolce fortezza che le era propria, continuò a occuparsi intensamente di *Tabor*.

La vittoria che i cattolici italiani attribuirono il 18 aprile 1948 alla Democrazia Cristiana influì favorevolmente sia sull'immagine del papato a cui la patria doveva, malgrado la guerra e la sconfitta, la sua quasi completa integrità territoriale, sia nel conferire certezza all'opinione pubblica dei vincitori che l'Italia era schierata sul fronte della libertà. Nel tempo stesso quella vittoria ridiede al mondo cattolico italiano la possibilità di riprendersi.

L'apporto di *Tabor* a tale ripresa e la sua coerenza alle motivazioni della sua origine vengono sobriamente ed efficacemente dichiarati in una lettera della Segreteria di Stato di Pio XII a firma di monsignor G. B. Montini Sostituto, in data 5 maggio 1951 (Prot. n. 251091):

> La Santità Sua si è compiaciuta della feconda vitalità di codesta pubblicazione periodica, che fra tanto dilagare di materialismo e di edo-

[2] Cfr. U. Poletti, L. Gedda (e altri), *Il servo di Dio don Pirro Scavizzi*, Roma 1987.

nismo, di mese in mese con fedele costanza semina animatrici parole di una sana spiritualità, tutta rivolta ad illustrare e a far amare gli ideali cristiani.

Con lodevole senso di opportunità essa raccoglie quanto può giovare alla elevazione dell'animo e alla riforma dei costumi [...]. Il Comun Padre benedice di cuore [...] i redattori, i sostenitori e i lettori di *Tabor* augurando a tutti le pure gioie a cui il monte santo della trasfigurazione è il simbolo e richiamo.

Tabor continuò a raccogliere una collaborazione qualificata che Mary andava orientando verso la spiritualità, gli ideali e i problemi della Società Operaia. La spiritualità era attinta al Getsemani, i problemi erano quelli di laici chiamati a innestare le tematiche della famiglia e della professione nelle più ampie della Chiesa e del tempo. Gli ideali poi erano quelli di rendere alla divina Trinità l'adorazione dovuta da cristiani del ventesimo secolo.

Questo tracciato era tutt'uno con quello della Società Operaia che lo dipanava e tesseva fra molte difficoltà. Il servizio reso da *Tabor* alla Società Operaia andò accentuandosi negli anni successivi per cui Mary, che di fatto era l'animatrice, accettò di diventare vicedirettore e lo fu fino alla morte, al punto che questa la colse quando aveva già scritto un articolo per il fascicolo in lavorazione che fu pubblicato dopo il suo transito e firmato, appunto, con la firma autografa di «Mary».

Concludo il ricordo del lavoro di Mary per *Tabor* con un vivace acquerello tracciato da monsignor Angelo Majo, arciprete del duomo di Milano:

Ripenso sempre con gioia ai corsi di aggiornamento per le religiose della diocesi di Milano tenuti al Getsemani di Casale Corte Cerro negli anni sessanta. Rappresentavano allora un'esperienza d'avanguardia e l'interesse era tale da far registrare, con largo anticipo sui tempi fissati, il «tutto esaurito».

Tra le religiose partecipanti ai corsi, che di solito si tenevano a metà luglio, non erano poche quelle che venivano da altre diocesi; dopo i primi momenti caratterizzati, ovviamente, da un po' di impaccio si stabiliva un clima di grande cordialità favorito dall'ambiente signorile e dal personale della casa sempre premuroso e ricco di attenzioni.

Fu in quelle occasioni che ebbi modo di conoscere la signorina Mary Gedda che puntualmente, ogni mattina, partecipava con le religiose alla celebrazione eucaristica durante la quale tenevo l'omelia. Una mattina mi attese fuori della Cappella e mi chiese, con molta discrezione, di potermi parlare in qualche ritaglio della giornata.

L'incontro fu molto cordiale. A un certo punto del nostro colloquio mi presentò un numero della rivista *Tabor* e mi chiese se accettavo di prestare una collaborazione. Cercai di schermirmi, non ero né teologo né scrittore le dissi, ma alla fine mi lasciai persuadere. Dalle sue parole traspariva una fede limpida, una intelligenza vivace, la preoccupazione di servire il Regno di Dio e un affetto per il fratello Luigi, per i suoi progetti e le sue attività al servizio della Chiesa, di cui si manifestava fiera.

Di fatto la collaborazione a *Tabor* iniziò qualche mese dopo e si protrasse per alcuni anni. Ebbi modo poi di costatare che l'affetto per il fratello era ampiamente contraccambiato. Durante le settimane d'aggiornamento al Getsemani il prof. Gedda non mancava di fare una fugace apparizione e nelle conversazioni con lui ebbi modo di avvertire il profondo legame che lo legava alla sorella Mary, reso ancora più saldo dai comuni ideali e da una intensa vita soprannaturale.

Negli ultimi soggiorni trascorsi a Casale Corte Cerro mi accorsi che la signorina Mary era sempre più afflitta da dolorose infermità; conservava tuttavia intatta l'abituale serenità e un grande desiderio di rendersi utile al Regno di Dio.

Quando ho saputo della sua morte, nonostante fossero anni che non la vedevo, mi è tornato alla memoria nitido il suo volto, ho risentito le sue parole [...] e ho pensato: il Signore ha tolto al prof. Gedda una carissima e devota sorella ma gli ha donato una dolce e vigile patrona in Cielo. Vorrei lo sia anche per me.

Dalla collezione delle annate di *Tabor* risulta che gli articoli inviati a Mary da monsignor Angelo Majo furono nove nell'arco di tempo dal 1972 al 1978.

Concludo con una citazione che non riguarda la rivista ma l'attività culturale che Mary andava svolgendo anche nel Getsemani di Casale Corte Cerro dove a gestire la Casa-santuario erano subentrate le «Servidoras», associazione argentina di vergini consacrate. Fra queste la signorina Carlotta Rava, che si preparava per sostenere la laurea in filosofia presso l'Università Cattolica del Sacro Cuore di Milano, ricorda l'aiuto ricevuto da Mary. Scrive la professoressa Rava:

> Mary Gedda è una di quelle figure che rimangono particolarmente impresse nel ricordo e nel cuore per quell'insieme di fragilità fisica e di fortezza morale e spirituale che costituiva uno dei suoi più grandi pregi.
>
> Quando io la conobbi, la sua salute era già precaria, tuttavia ciò che si imponeva era la sua energia, la sua forza di volontà congiunte a una costante disponibilità nei confronti altrui, la sua convinzione di servire Dio nell'offerta silenziosa e quotidiana dei limiti imposti dalla malattia.
>
> La sua accettazione del quotidiano dipendere dal volere degli altri, a volte anche nei più piccoli particolari, unito a un carattere forte ma addolcito dalla virtù, mi ha fatto riflettere spesso. Come quella donna affettuosa, attiva, socievole, volenterosa, con doti di guida, riusciva a superare l'isolamento, l'inoperatività, la sofferenza fisica e morale sempre più forti? Eppure nell'arco di quei dieci anni in cui l'ho conosciuta dal 1974 al gennaio del 1985, ho potuto ammirare la capacità di sacrificio e di amore di quella «donna forte», vissuti in una scuola esigente e severa.
>
> Nei periodi estivi Mary saliva al Getsemani di C.C.C. ed è lì, in modo particolare, che ho potuto apprezzare la sua grande virtù, la sua docilità nei confronti di chi l'accompagnava, lo zelo apostolico che si esprimeva in una costante laboriosità e attenzione alle necessità altrui.
>
> In quel periodo dell'estate 1976, per lunghe ore ha corretto l'italiano della mia tesi di laurea, lavoro offerto generosamente e che si accavallava spesso alla correzione di bozze, alla preparazione di articoli, alle lettere da rispondere che l'occupavano abitualmente.
>
> Eppure sempre serena e sorridente trovava il tempo per incontrarci quasi in ogni pomeriggio per leggere insieme le correzioni fatte e per compatire spesso l'uomo Camus, sul quale svolgevo la mia tesi, e la sua sofferta mancanza di fede.
>
> Quella correzione di tesi mi diede l'occasione particolare di scoprire la sua vasta cultura, la finezza dei suoi apprezzamenti, la varietà dei suoi interessi unificati sempre dalla fede.
>
> Mary Gedda, nella sua debolezza fisica è quella «donna forte» di cui oggi ha tanto bisogno la Chiesa.

10

CIAO, GIOIA!

Bloccata sulla sedia a rotelle e spesso desiderosa di cambiare posizione per alleggerire i dolori che le piaghe da decubito le procurano, Mary non rivela la sua sofferenza fisica e accoglie chi la visita con due parole diventate consuete: «Ciao, gioia!». Come per dire che non occorre preoccuparsi della sua salute perché la presenza della persona amica le procura un tale piacere che cancella ogni dolore.

La sua accoglienza era così trasparente e affettuosa che un amico mi ha detto e ripetuto: «I suoi occhi mi accarezzavano».

Questo comportamento è una nota che Mary ha tenuto lungo tutta la vita ben prima di essere malata, direi da quando morì la nostra mamma. Le sofferenze per sé, la comprensione e la dolcezza per gli altri. Una dolcezza a volte severa perché intelligente e voluta, quando era per il bene del prossimo ma sempre accattivante, generosa, disponibile, questo è il carisma di Mary che rimane nel cuore di tutti, talora appeso a un filo, quello del telefono.

L'uso del telefono per raggiungere o accogliere chi avesse bisogno di lei, oppure di cui lei avesse bisogno per aiutare altri, è così caratteristico nella vita di Mary che è bene ascoltarne un'eco dalla testimonianza che la professoressa Nicolina Jorio, direttrice dell'Istituto di Magistero Maria Santissima Assunta, ha scritto per *Tabor*:

> Prima di essere per me una persona fisica, alla quale corrispondeva un volto e una precisa fisionomia, la signorina Mary è stata una voce, una voce che mi giungeva sul filo del telefono.

Dirò, anzi, che gli incontri con lei erano stati talmente rari e fugaci, che anche dopo di questi la sig.na Mary è rimasta per me più che altro una voce.

Ho avuto infatti con lei due incontri soltanto e in circostanze assolutamente eccezionali. La prima volta – dopo che già frequenti colloqui telefonici erano intercorsi tra lei e me – la incontrai a Villa Ave Maria, sull'Appia Antica, dove lei con il fratello Luigi furono tra i primi ad accorrere in quell'ormai lontano 31 maggio 1976, giorno che segnò la partenza della Madre Tincani da questa terra. Ebbi allora modo di constatare *de visu* quanto la limitazione fisica cui era costretta – e della quale mai si doleva con alcuno, forse neppure la diceva a se stessa – avesse affinato lo spirito e ne avesse dilatato e approfondito lo sguardo, che si rivelava attentissimo su persone e cose. Uno sguardo abituato a tutto intimamente ponderare, su tutto molto meditare e riflettere prima di esprimere una valutazione personale; uno sguardo soprattutto, molto attento all'altro che le viveva accanto, o si imbatteva in lei, al quale altro sempre aveva un apprezzamento da esprimere, un gesto di simpatia e stima da manifestare.

Aiutata dal fratello Luigi – sulla cui fortezza fisica e spirituale si è sempre appoggiata con illimitata fiducia – si portò presso la salma della Madre Tincani e lì rimasero a lungo entrambi in silenzio, quasi ininterrotto materialmente ma spiritualmente mai. La vidi così carica di commozione per sé e per ciascuna di noi, quando lasciò la stanza con un ultimo intenso addio al volto trasfigurato della Madre, e quando ripartì in macchina, accompagnando con sguardo di affettuosa partecipazione quelle di noi che conosceva da più lunga data.

Il secondo incontro, successivo a questo, si svolse nel più totale silenzio apparente; Iddio aveva ormai messo la parola fine alla di lei esistenza terrena che era stata per tutti un dono. Ero io, questa volta, che mi ritrovavo a pregare accanto al suo letto. Sul quale mi sembrava volesse proferire l'ultimo suo atto di offerta a Dio. Il volto composto in una pace non più di quaggiù, diceva con chiarezza a noi tutti che la cara Mary aveva finalmente attinto la Verità cui aveva anelato in vita, quella Verità per cui aveva lavorato, offerto, pregato.

In quell'immagine fisica che conservava ancora qualcosa della fugace terrestrità, ritrovai intera la voce che avevo spesso ascoltato al telefono, con tutti i suoi ricchi messaggi. Mi resi conto allora quanto fosse vero ciò che il fratello Luigi ci confidò accanto alle sue spoglie, con voce rotta dalla commozione: «Che cosa ho perduto!».

Ma noi sappiamo, e assai più di noi lo sa il fratello che il delicato mondo interiore di Mary, come la sua ricca maternità spirituale, non sono «perduti»: essi ancora esistono e agiscono nel campo e tra le persone che le furono più care.

Questa riflessione mi riporta ancora alla sua voce, sulle cui vibrazioni mi giungevano riflessi molti problemi, ansie e speranze che toccavano la vita del fratello e la sua. Intuivo che lei aveva interamente abbracciato l'Opera cui il fratello aveva dato vita, come pienamente ne aveva condiviso le difficoltà e le asprezze del cammino. Da parte sua si dava senza riserva, potenziando al massimo gli strumenti che Dio le aveva messo a disposizione – preghiera, intelligenza, la penna, il telefono – diventando essa stessa quasi un filtro alle maggiori ansie e preoccupazioni che in lei si decantavano e ridimensionavano.

Nel suo cuore e nella sua intelligenza – e di conseguenza nella sua voce – tutto trovava accoglienza, sereno equilibrio, pace profonda, tanto profonda che riusciva a trasmetterla ai suoi interlocutori. Questo suo modo di porsi di fronte alla realtà – dalle più drammatiche alle più liete – le consentiva di saper ascoltare tutti e tutto e di saper dare l'aiuto giusto, se non altro con la preghiera e con la parola, sempre serena e rasserenante. Lo stesso suo tono di voce – caldo, pacato, vorrei dire interiore – dava il senso dell'accoglienza e della pace.

Soltanto in questo modo è possibile a me ricordare la signorina Mary, con queste poche semplici parole dettate da una conoscenza filtrata dal filo del telefono. Ho la presunzione di pensare che sia una memoria certamente minima e assai parziale, ma vera.

Come vera è la sua intercessione presso Dio, alla quale tutti ci raccomandiamo.

Il colloquio spirituale ricamato con il filo del telefono era talmente caratteristico nell'immagine di Mary che anche la direttrice del Centro Nazionale di Studi Cateriniani lo ha rilevato:

Ricordo Mary Gedda – scrive la professoressa Giuliana Cavallini – come una di quelle rare persone che da una semplice e normale amabilità di tratto irradiano, quasi inconsciamente, una ricchezza spirituale non comune.

I miei contatti con lei erano poco frequenti e il più delle volte telefonici. Potevano essere motivati dalla richiesta di un articolo su un determinato argomento, o di una fotografia da pubblicare, richiesta fatta con un particolare garbo, che sembrava sotteso dalle certezze del consenso.

C'era infatti in lei quella felice simbiosi di gentilezza e di forza che è indice di una grande elevatezza di animo, di quel sovrano dominio dello spirito sul fisico che è frutto di forti doti di carattere e dono di grazia.

Per questo la sua voce giungeva sempre gradita: era il mezzo per entrare in comunicazione con una creatura i cui limiti fisici davano maggior rilievo allo spendore dell'anima. Una creatura che ispirava e, nel ricordo, continua ad ispirare, un'ammirazione piena di affetto.

L'amabilità e l'apostolato occupavano uno spazio e un'intensità maggiore quando il dialogo non correva attraverso il telefono ma si verificava con la presenza fisica di chi si rivolgeva a lei. Ne raccogliamo dei riflessi dalla lettera che suor Assunta Capelli, preside dell'istituto Santa Chiara di Roma, scrisse a Mary dopo la sua morte:

Ti incontrai, Mary, la prima volta nella tua abitazione di Roma, in via Amba Aradam, nei lontani anni della nostra giovinezza. Ero venuta a casa tua per un colloquio con tuo fratello, mio Professore di Psicologia, in merito alla mia tesi di laurea.

Timorosa, ferma davanti alla porta d'ingresso, esitavo a suonare ed ero molto preoccupata. Mi decisi finalmente e suonai. La porta si aprì e ti vidi, Mary: vidi il tuo dolce sorriso, i tuoi occhi luminosi e buoni, la tua persona mite e accogliente; udii la tua voce, pacata e soave, che m'invitava a entrare e subito nel mio animo turbato ci fu quiete, serenità e pace.

Fu il nostro primo incontro. Altri ne seguirono, più volte ci ritrovammo, e tu mi fosti amica e sorella. Ad ogni nuovo incontro era il rinnovarsi di una gioia intima e profonda: c'era fra noi una dolce intesa, affinità di pensieri e sentimenti, uno stesso ideale di consacrazione e di apostolato.

Talvolta ti sorprendevo, presenza gentile e affettuosa, accanto a tuo padre per tenergli compagnia; di frequente ti trovavo impegnata – tu eri intelligente, colta, intuitiva – in lavori di ricerca scientifica o di cultura spirituale.

Quando le vicende della vita e le distanze – io ero partita per il Medio Oriente, in missione – ci tolsero le possibilità di incontrarci e tu fosti più gravemente colpita dalla malattia che già ti affliggeva e che ti impedì di camminare, non si spense la nostra amicizia, ma fu sempre alimentata dal reciproco ricordo, dall'unione nella preghiera, da qualche telefonata e da lettere che ancora conservo e talvolta, ripensandoti, rileggo con commozione.

Temo di offendere il tuo naturale riserbo e la tua profonda umiltà se dico, ma lo dico chiedendoti perdono, che esse rivelano, come già i tuoi colloqui, la luce del tuo spirito, la tua abituale unione con Dio, la tua vita di preghiera e di donazione, il tuo vivo desiderio di apostolato, il tuo soffrire e offrire con amore per la salvezza dei fratelli, la tua opera di animazione apostolica mediante la parola e gli scritti. Rivelano anche la tua squisita carità e la profonda umiltà, virtù che hai saputo coltivare nel silenzio e nel nascondimento, mettendo in luce gli altri, facendo posto a loro. Ti sembravano sempre molto importanti e grandi le opere altrui e le esaltavi, mentre ritenevi piccole e insignificanti le tue. Eppure quanto bene hai saputo fare, quanto amore, quanta gioia donare! Con la tua vita hai veramente dato lode al Signore e l'hai proclamato ai fratelli.

Ti ho rivista Mary, dopo tanti anni e tante vicende, composta e biancovestita fiduciosamente affidata a «sorella nostra morte corporale»: dormivi il sonno dei giusti; la serenità e dolcezza del tuo volto ispiravano ancora sentimenti di bontà, di amore e di pace.

Grazie, Mary, della tua amicizia fraterna, della tua testimonianza, della tua vita; grazie per tutto ciò che di te ci hai donato. Restaci ancora vicina e intercedi per noi, tu che ora vivi nella luce di Dio.

Le qualità del comportamento per telefono e con estranei possono anche essere diverse da quelle che si intrattengono nel rapporto con i familiari e i dipendenti. Ma lo scritto semplice ed espressivo di Graziella Viera, oggi suor Paola di Gesù nel Carmelo di Roma, la quale fu in casa nostra quale collaboratrice dimostra come Mary esercitasse il suo carisma nella vita di famiglia:

Nel 1960, ai primi di novembre, sono stata assunta in casa Gedda come domestica. La signorina Mary mi accolse con un affettuoso abbraccio e un bacio come se fossi una sorella.

La signorina ed i suoi famigliari abitavano in via Amba Aradam, 1; erano molto semplici, senza esigenze. Ho il ricordo di uno dei primi giorni: la presidente dell'Azione Cattolica della parrocchia della Navicella era venuta a fare visita alla signorina, con la quale si tratteneva a lungo ogni giorno. Ad un certo punto la signorina chiedeva il the. Io pensai di andare a servire con il grembiule bianco, le manichette bianche, e mi presentai così; la signorina rimase sorpresa, ma sul momento non disse niente, solo ringraziò con tanta gentilezza. Più tardi mi raccomandò di fare più semplicemente.

Eravamo due ragazze in casa Gedda: una stava a disposizione della Mary, l'altra si occupava della cucina, della spesa ecc. Per lo più con la signorina ci stavo io, e l'aiutavo in tutto, perché da sola non poteva camminare – camminava aiutandosi col carrello, «il mio carrettino» come diceva – oppure, se l'accompagnavo io, si aiutava col bastone.

Ogni giorno andavamo insieme alla santa messa, con la suora che aveva passato la notte con lei. Mi rendevo conto che il suo tratto con il Signore era molto vivo e profondo. La vedevo talvolta, così sofferente, tutta protesa verso l'altare; dopo la preghiera e il ringraziamento della S. Comunione (molto lungo, molto raccolto, ad occhi chiusi) era tutta luminosa, tutta disponibile alla sua giornata di lavoro.

Il giovedì ci faceva fare l'ora getsemanica. Quanto fervore! Sul suo volto leggevo quanto avesse presente Gesù agonizzante. Io avevo già la vocazione, ma ancora non capivo dove mi volesse il Signore; una volta la signorina mi propose di rimanere con lei; mi concedeva molto tempo per pregare, mi ha aiutato molto, soprattutto con l'esempio e la dolcezza grandissima anche nel correggermi

Ricordo una delle tante marachelle che ho combinato. Non sempre avevamo libero il pomeriggio della domenica, perché una di noi ragazze rimaneva con la signorina. In quel periodo avevo a Roma una sorella, a cui piaceva andare un po' in giro, mentre io cercavo di tenerla con me. Mi venne l'idea di prendere il giradischi per farle ascoltare i dischi, di nascosto. Ma ad un certo punto... si apre la porta della stanza... ed ecco la signorina Mary che mi scopre. Ritornò nella sua stanza senza rimproverarmi, ma più tardi quando la mia sorella era andata via, mi chiamò vicino e mi disse con tanta bontà: «Vedi Micino (così mi chiamava), se tu me lo chiedi, io non te lo nego. Tu vuoi entrare nella vita religiosa; ebbene, devi già imparare a fare tutte le cose nell'obbedienza».

Spesso il Professore partiva, per due o tre giorni; qualche volta anche per una settimana. La signorina soffriva della lontananza del Professore; ma non lo faceva vedere e lo rassicurava dicendo che si sentiva bene. Lo avvertiva che durante quei giorni avrebbe condotto le ragazze da una parte o dall'altra. Siamo state a Nettuno, a Vitinia, in vari monasteri, dove raccomandava alle Suore di pregare molto per il Professore. In quei giorni che stavamo assieme era ancora più materna con noi, ci faceva mangiare con lei, ci raccontava tante cose della sua famiglia. Aveva molto sofferto alla morte della sua mamma, e da allora ci fu col fratello un'unione e un'intesa più grande. Ci parlava con tanta tenerezza del papà ma ad un certo punto del racconto doveva interrompersi, per la commozione perché c'era pericolo che svenisse.

Spesso dovevamo scendere in biblioteca, per una scala un po' difficile. La mia preoccupazione era di sostenerla con cura, perché non cadesse. Doveva cercare articoli e dati per il Professore; e quanto lavoro! a volte passava in rassegna tutti gli scaffali. Ma finalmente si trovava tutto. Aveva pazienza, ma io sento che era anche tanto amore: amava veramente sacrificarsi, rendersi utile, fare contento il fratello. Per lei era tutto.

Quando le confidai la mia vocazione al Carmelo – che avevo conosciuto attraverso di lei, perché una volta eravamo andate a trovare una suora che la signorina aveva molto aiutato nell'Azione Cattolica – allora mi abbracciò, e mi aiutò molto con i suoi consigli. Non avevo molta salute e lei stava attenta, mi fece visitare dalla sua Professoressa. Per abituarmi al menù del Carmelo io non mangiavo carne; allora lei telefonò alla Madre Priora perché mi dicesse direttamente come regolarmi. Quando l'ho lasciata per entrare al Carmelo, è stata meravigliosa, ho sentito tanto l'aiuto dei suoi consigli e il sostegno spirituale della sua preghiera. Si è preoccupata di farmi un bel vestito da sposa per la mia vestizione.

Da due anni non l'ho più vista, perché non usciva; l'ho sentita per telefono in occasione della festa della Regina del Carmelo: «Non esco più di casa, sai Paoletta, ma Luigi mi porta Gesù ogni giorno... E poi ogni 15 giorni viene un sacerdote a celebrare la santa messa. Povero Luigi, fa tutto quello che può per aiutarmi! Sia fatta la volontà di Dio». Ripeteva il suo *fiat* con tanto amore, con tanto abbandono e nella pura sofferenza.

Ricordo ancora che amava molto S. Teresa di Gesù Bambino, mi portò qualche nuovo libro che ne parlava commentandomi quello che più l'aveva colpita. Si trattava della carità verso il prossimo. «Non possiamo dire di amare Gesù – ella diceva – se non abbiamo delicatezza e se non ci sacrifichiamo per i nostri fratelli». Quando pronunciava il nome di Gesù, aveva un tono particolare. Per lei era veramente lo Sposo. Era per Gesù che amava tanto le religiose.

L'ho sentita per telefono il 16 luglio 1984 per l'ultima volta, credo. «Vedi, – mi disse – io faccio la volontà di Dio; ma per Luigi non vorrei essere un peso ancora. Ha tante difficoltà. Tanti amici l'hanno lasciato. Quanto siete fortunate voi che siete in clausura!». Al di là di tanti particolari, mi rimane vivissima e carissima la presenza spirituale di questa persona così santa, incredibilmente permeata della dolcezza e della mitezza che ricolmano il Cuore di Gesù: è stata per me una vera immagine del Signore.

Ecco ora l'impressione che il comportamento di Mary ha lasciato in un principe della Chiesa, il cardinale Andrea Maria Deskur che la conobbe nel Getsemani di Paestum:

Dopo il Concilio, come membro della commissione Pontificia delle Comunicazioni Sociali ho frequentato l'Ente dello spettacolo dell'Azione Cattolica Italiana dove seppi del Getsemani di Paestum e fui invitato dal Prof. Gedda a visitarlo.

In questa casa di spiritualità che include un Santuario dedicato a Gesù agonizzante, centro devozionale per le diocesi dell'Italia Meridionale, gestito allora dalle suore della Santa Croce di Menzingen, andai una volta per un Convegno delle Comunicazioni sociali e altre due volte per trascorrere le mie vacanze estive per cui ebbi occasione di incontrare e conoscere la Sig.na Mary Gedda la quale pure trascorreva in quella Casa-Santuario il suo riposo che meglio può dirsi la sua attività fuori sede perché, malgrado la sua pesante invalidità, conduceva una vita di preghiera, di contatti personali, di corrispondenza e di rapporti telefonici che occupavano ininterrottamente il suo tempo disponibile.

Era sempre serena e molto gioiosa e si sforzava con le sue energie possibili di venire incontro a tutti quanti e di aiutare ciascuno che l'avvicinava. Nei suoi occhi luminosi splendeva la sua grande spiritualità ispirata al Getsemani e con questo suo comportamento sembrava, come scrive San Paolo: «completare nella sua carne quello che manca ai patimenti di Cristo» e precisamente per il bene della Chiesa, della Società Operaia e dell'Associazione fra malati che essa aveva fondato dandole il nome di «ROSA».

La Signorina Mary partecipava ogni giorno alla messa che io celebravo nella Cappella delle Suore e poi si intratteneva con me. Due anni fa ho vissuto con dolore i giorni della sua morte confortato dal pensiero che il suo era un sereno trapasso da questa vita alla Casa del Padre.

ANDREA MARIA cardinale DESKUR

Città del Vaticano, 29 gennaio 1987

11

IL R.O.S.A.

Se il carisma di Mary fu quello di conquistare il suo interlocutore con la dolcezza dello sguardo, della voce, della comprensione e del tratto, l'uso più raffinato di questo dono veniva riservato a quelli che, come lei, erano ammalati.

Al punto che essa stessa si accorse del bisogno che i malati hanno di ricevere questo aiuto e pensò di fondare nella Società Operaia un reparto speciale riservato non solo agli «operai» ma a tutte le persone ammalate che potevano giovarsi di un colloquio spirituale alle quali mandò dal 1978 in poi, saltuariamente, ma con frequenza, delle lettere circolari.

A questo reparto da lei ideato Mary diede il nome di Reparto Operaio Spirituale Ammalati, che di solito abbreviava con la sigla R.O.S.A., chiamando «rose» i suoi ammalati.

La collezione delle lettere-circolari scritte da Mary nello spazio di sei anni sono una fonte preziosa per conoscere le vibrazioni del suo spirito come «operaia» e come malata, e per questo ne riporto qualche saggio.

Nella prima lettera (del 2 marzo 1978) Mary riferisce quasi integralmente il magnifico discorso del papa agli ammalati durante l'anno santo e soggiunge «è questa parola del Santo Padre che ripeto a ciascuno di voi, carissimi, come augurio per la Santa Pasqua».

Il riferimento alla parola autorevole del pontefice continua ad essere la colonna portante del suo colloquio epistolare sollecitata dal pensiero che il regnante pontefice rivolge sempre ai malati e anche dalla posizione preferenziale riservata a essi nelle udienze pubbliche, come Mary poteva vedere, sul video di *Teleradiosole,* nel cortile di Castelgandolfo.

La teologia del dolore attinta a questa fonte accompagna le sue espressioni affettuose, la partecipazione delle sue esperienze di malata, le notizie di cronaca riguardanti la Società Operaia e le intenzioni che essa suggerisce perché la malattia di ciascuno abbia una finalità soprannaturale, ecclesiale.

Nella lettera di Natale 1978 Mary riporta il saluto che Giovanni Paolo II rivolge ai malati nell'udienza del 13 dicembre e aggiunge: «Per ogni membro del R.O.S.A. è di grande conforto questo continuo pensiero del Papa per chi è ammalato, per chi in ogni modo soffre».

Nel maggio successivo, parlando a un gruppo di infermi e di non vedenti ai piedi della Grotta di Lourdes nei giardini vaticani, il Papa disse: «Grazie per la vostra presenza che si può considerare quasi presenza sacramentale del Cristo. Sì, voi siete nella vostra carne ferita e dolorante, l'espressione di Cristo Crocifisso e come il prolungamento della sua passione». Mary riporta queste e le altre parole nella lettera del 22 giugno 1979 e scrive: «Non ho nulla da aggiungere se non di invitarvi ad accogliere quanto il Papa vi dice».

Nella lettera che scrive ai suoi malati dal Getsemani di Casale Corte Cerro nel settembre di quell'anno, Mary echeggia le parole del Papa del 22 agosto: «Voi carissimi infermi, lo sapete, avete un posto privilegiato nel cuore del Papa» e così nella lettera d'Ognissanti riporta le parole che il Papa rivolge ai malati nella visita al santuario di Pompei fra le quali: «Gesù, pur chinandosi sui malati e sui sofferenti per guarirli e consolarli, non ha soppresso la sofferenza stessa, ma ha voluto sottoporsi a tutto il dolore umano possibile, quello morale e quello fisico, nella sua passione sino all'agonia morale nel Getsemani». E Mary commenta: «sarebbe sciupare i meravigliosi insegnamenti del Papa, aggiungere altro» e indica come intenzioni per l'offerta delle loro sofferenze: «quelle del Papa».

In occasione della visita che il 23 dicembre 1979 Giovanni Paolo II fece agli ammalati dell'ospedale di Santo Spirito in Roma disse loro: «Voi conoscete la mia predilezione per tutti coloro che soffrono ed è un atteggiamento che risponde al dovere fondamentale e primario di chi, succedendo a Pietro, ha la formidabile qualifica di Vicario di Cristo. Come potrei fare io le veci di Cristo, se dimenticassi la sua costante preoccupazione per gli infermi?». Mary riportando per esteso questo importante discorso sembra paragonare il papa all'angelo consolatore di Gesù nel Getsemani perché inserisce una preghiera a questo angelo, non firmata, che io suppongo composta da lei stessa. Eccola: «Io ti saluto, o Santo Angelo Consolatore del mio Gesù Agonizzante e lodo con te la SS. Trinità per averti scelto, fra tutti, a consolare e fortificare Colui che è la consolazione e la forza di tutti gli afflitti. Ti supplico, per questo onore che hai avuto e per l'obbedienza, l'umiltà e l'affetto con cui hai soccorso la Santa Umanità del mio Salvatore Gesù, che soccombeva per il dolore alla vista delle mie colpe, degnati consolarmi nell'afflizione che ora mi opprime e in tutte le altre che potranno sopravvenirmi in seguito e particolarmente quando mi troverò nell'agonia. Amen».

Fra le parole più toccanti pronunciate da Giovanni Paolo II sulla teologia del dolore vi sono certamente quelle diffuse per radio dal Policlinico Gemelli il 24 maggio 1981 dopo il grave attentato subìto in Piazza San Pietro: «Desidero oggi rivolgermi in modo particolare a tutti gli ammalati, esprimendo ad essi, io, infermo come loro, una parola di conforto e di speranza. Quando, all'indomani della mia elezione alla Cattedra di Pietro, venni per una visita al Policlinico Gemelli, dissi di voler appoggiare il mio ministero papale soprattutto su quelli che soffrono. La Provvidenza ha disposto che al Policlinico Gemelli ritornassi da malato. Riaffermo ora la medesima convinzione di allora: la sofferenza, accettata in unione con Cristo sofferente, ha una sua efficacia impareggiabile per l'attuazione del disegno divino della salvezza».

Riportando queste parole lapidarie e integralmente anche quelle successive, Mary ha certamente pensato che esse rivelavano a lei e ai suoi malati un aspetto nuovo della sofferenza, quello di sostenere il Papa nel suo immane cómpito di condurre la Chiesa in salvo attraverso le mareggiate del nostro tempo. Il florilegio di Mary nel raccogliere le parole del papa ai malati riguarda anche il *Mes-*

saggio per la Quaresima, per la visita all'ospedale dei Fatebenefratelli dell'Isola Tiberina (5 aprile 1981) e alla casa di cura Villa Betania (22 dicembre 1982).

Mary esulta quando viene a sapere che Mons. Luigi Novarese, un sacerdote romano che dedicò ai malati gran parte della sua vita, aveva pubblicato il libro *La sofferenza nel magistero di Giovanni Paolo II (1978-1982)* e così lo presenta nella sua lettera del settembre-ottobre 1983: «È uscito un libro che dovrebbe essere il "Vademecum", cioè il compagno di ogni "rosa"» e si premura di ottenere dai Volontari della Sofferenza, che ne sono gli editori, uno sconto per i suoi ammalati.

La teologia del dolore attinta alla parola del Pontefice e attraverso questa alla suprema fonte del Salvatore, viene ritrovata da Mary nelle parole dei santi. Riporto alcune delle sue molte citazioni per dimostrare come fossero scelte con estrema cura.

Nella lettera-circolare luglio-agosto 1983, da santa Teresina del Bambino Gesù: «Senza amore non si vive, senza sofferenza non si ama», e da san Giovanni Bosco: «Le anime si istruiscono con la parola, ma si salvano con la sofferenza... Non è la sofferenza che santifica, ma la pazienza nel sopportare pazientemente la sofferenza».

Nella lettera-circolare di novembre-dicembre *1983,* da san Giuseppe Benedetto Cottolengo: «Siamo sempre allegri nel Signore. Egli pensa a noi più di quanto noi pensiamo a lui»; dalla serva di Dio suor Faustina Kowalska nella lettera-circolare di maggio-giugno 1983 riporta alcune parole che Gesù le disse: «Nel giardino degli Ulivi le anime tiepide mi ispirarono la più grande avversione [...] per loro l'ultima tavola di salvezza è il ricorso alla mia Misericordia».

Dal servo di Dio padre Mariano da Torino nella lettera circolare luglio-agosto 1984: «Di tutte le penitenze, la migliore è fare ogni giorno la volontà divina anziché la nostra, malgrado le nostre ripugnanze, noie, stanchezze. Dove non posso giungere con l'eroismo, voglio giungervi con l'umiltà».

Gli accorgimenti di Mary per suggerire alle sue «rose» l'interpretazione cristiana del dolore era accompagnata da considerazioni toccanti profondamente umane come le seguenti che riporto dalla lettera del 29 giugno 1978: «Ragazzi, giovani e famiglie lasciano le città per un periodo più o meno lungo di riposo sui monti o al mare, sovente per le persone anziane o inferme è questo un periodo difficile, perché si trovano più sole; parecchie non possono avere il beneficio del cambiamento d'aria, e si affaccia la tristezza, la melanconia. Ma non dobbiamo, da brave "rose", lasciarci avvizzire da questi sentimenti: anzi dobbiamo far tesoro delle prossime settimane per unirci maggiormente al Signore. Come? portandoci col pensiero a Gesù solo nell'Orto del Getsemani, solo in tanti tabernacoli, e offrirgli la nostra parte di sacrificio in atto d'amore o di riparazione».

Analogamente nella lettera-circolare del Natale 1978: «Con tanto affetto invio i più sentiti auguri a ciascuno di voi per il Santo Natale. Forse qualcuno lo trascorrerà solo, lontano dai parenti; coraggio! Voi, non siete soli: il Signore è in ogni anima che lo ama; pregate, se siete obbligati a rimanere a letto, chiedete che almeno per Natale e per Capodanno vi venga portata la S. Comunione. In ogni caso pensate a Gesù Agonizzante che quanto più soffriva, più intensamente pregava».

Dalla lettera-circolare del 10 marzo 1979: «Fino a qualche anno fa a tutti i fedeli in buona salute era chiesto di fare atti di penitenza in Quaresima, oggi sono forse solo le persone sane che vivono in conventi a praticare digiuni e penitenze. Noi infermi abbiamo in questo campo una parte privilegiata; non abbiamo bisogno di ricercare penitenze straordinarie; basta che, ora per ora, accettiamo e viviamo con amore più grande, senza lamentele, le sofferenze, le rinunce richieste dal nostro stato di infermità».

Questo lavoro per le sue «rose» era come un rosario spirituale di Mary che essa alternava con il lavoro per *Tabor* sul ritmo profondo, incalzante e sempre più doloroso della sua malattia. Difatti essa scrive nella lettera-circolare di novembre-dicembre 1981: «Vorrei poter venire di persona a fare i migliori auguri per queste care festività, specialmente per l'Immacolata e il Natale, ma non lo posso, sia perché le "Rose" sono fiorite in tutta Italia, dalle Alpi a Siracusa, sia perché le mie condizioni di salute non mi permettono simile passeggiata, ma prego l'Angelo Custode di ogni "Rosa" di fare ciò che è impossibile a me e nel cambio avete tutto da guadagnare».

Le «rose» del Reparto Operaio Spirituale Ammalati che Mary visitava frequentemente con il telefono e con le lettere-circolari di cui ho dato qualche saggio, erano centosessantuno quando essa morì.

Per dire l'effetto di questi contatti riporto da una testimonianza dell'«operaia» Isa Barbetta di Livorno: «Durante la mia malattia mi ripeteva spesso: "[...] è proprio vero che non siamo capaci di comprendere la grandezza dei doni di Dio, anche in campo fisico, se non quando ne soffriamo la perdita o la diminuzione. Ci aiuti la Mamma Celeste a usare santamente di tutto quanto la bontà di Dio elargisce", per un'"operaia" defunta mi scriveva: "Speriamo che ora faccia parte di quel Reparto in Paradiso che accoglie i fratelli e le sorelle defunte. Noi ancora viandanti offriamo preghiere per loro e confidiamo che, vicini a noi nella comunione dei santi, ottengano benedizioni e grazie per ciascuno e per la cara Società Operaia"» (2 gennaio 1987).

Ed ecco che Jole Galofaro, un'altra ammalata succeduta a Mary nel colloquio epistolare del R.O.S.A. la ricorda così:

> L'immagine di Mary Gedda (l'ho sempre chiamata Mary all'inglese) è per me come racchiusa in un luminoso involucro, quasi il circoscritto nimbo ovale a poli acuti cui iconografi e iconologi attribuiscono significato di trascendenza. Come racchiusa nell'alone della volontà di Dio ho sempre percepito Mary. E dico percepito perché certi rapporti d'anima vanno al di là del vedere e dell'udire. Certo l'ho udita molte volte, come tutti, al telefono, l'ho sentita attraverso le sue lettere, e l'ho anche vista quando mio marito ed io siamo andati a farle visita.
>
> Icone della volontà di Dio rimane Mary nel mio ricordo [...] ogni conversazione con Mary, ogni sua lettera, ogni progetto, ogni esposizione di fatti, ogni scambio di opinioni era sempre dominato dall'affidamento alla volontà di Dio. Non l'abitudinario «se Dio vuole» che è quasi un luogo comune. Ma, sempre, una meditazione, il lampo di una riflessione intima che sottostava alle parole e le sovrastava. Un continuo abbandono, una disposizione teologale, un contenuto di fede, di speranza, di amore. Ma niente di supino. Mary era un'anima verticale,

un'anima di grandi desideri, ricca di progetti. Ma tutto era ampio, proiettato al di là del personale, tutto a livello ecclesiale. Ed è appunto la sua passione ecclesiale, esigente, severa, illuminata, l'altra caratteristica di Mary che mi è presente. Passione, non soltanto amore, perché la sua intelligenza naturale e la sua sensibilità soprannaturale erano così acute da far sì che ella amasse con dolore, con preoccupazione fraterna, materna e filiale. Non era davvero aliena dall'accorgersi dei pericoli, delle incertezze, delle difficoltà. Quante volte mi ha fatto pensare a santa Teresa di Gesù e alle sue ansie per i «mali della Chiesa», i mali causati dagli uomini al Cristo Mistico.

Totalmente abbandonata alla volontà di Dio, ella però sapeva che la preghiera può far violenza al cielo. E questa sua fiducia non era per nulla contrastante con l'accettazione della volontà divina, era un ulteriore atto di fede come un dire: «È così, va bene, accettiamo, offriamo, ma, se vuole, Lui può cambiare tutto».

E se questa fede nella preghiera era un altro aspetto della sua figura morale, ce n'è un altro ancora che mi colpiva. Anche parlando del suo stato fisico, delle sue malattie, delle sue sofferenze, non mi ha mai detto: «Prega per me». Sempre per gli altri... per Luigi e per Linda e per i parenti a me sconosciuti. «prega, sai, prega» [...] però la stessa S.O. e il R.O.S.A. non erano per lei terreno riservato, giardino chiuso. Mi faceva pensare all'esortazione di Pio XII alle Claustrali, sollecitate a dilatare il cuore e la preghiera «alle dimensioni del mondo», o all'invito rivolto alle stesse da Paolo VI: «portare nel cuore la passione del mondo».

E tutto questo – ancora un'altra caratteristica di Mary – con un'attenzione speciale anche ai singoli, con una vera partecipazione alle sofferenze di ciascuno. Così malata lei, con quanto interesse si informava e ascoltava, come considerava importanti le malattie altrui! E quale contrasto con tanti malati per i quali i loro mali sono sempre più gravi, più tormentosi di quelli di ogni interlocutore!

Mary, claustrata nella malattia, orante laica, attivissima contemplativa, proprio tu che non sei mai stata prigioniera, aprici le vie alla libertà dello spirito, ai vasti spazi della carità. Mary, «operaia di Cristo», continua a operare, per noi e per il suo Regno. (*Tabor*, 1985, p. 24).

Poco più di un anno prima della sua morte, quasi a conclusione del suo «soffrire amando» giunge a Mary un premio. Nella festa della Madonna di Lourdes del 1984 Giovanni Paolo II promulga l'enciclica *Salvifici doloris*. Mary nella lettera-circolare di marzo-aprile la presenta così: «Più volte, inviandovi la circolare solita vi ho riportato dei brani rivolti dal Santo Padre ai sofferenti. Ora poi il Papa ci ha fatto il dono di una magnifica Enciclica. Dopo pagine sublimi [...] conclude rivolgendosi a noi sofferenti con parole che ci sono di immenso conforto: "Chiediamo a voi tutti che soffrite di sostenerci. Proprio a voi che siete deboli, chiediamo che diventiate una sorgente di forza per la Chiesa e per l'umanità. Nel terribile combattimento fra le forze del bene e del male di cui ci offre spettacolo il nostro mondo contemporaneo, vinca la vostra sofferenza in unione con la Croce di Cristo"».

Ammalata lei stessa, edificava il prossimo anche per l'evento ultimo, quello della morte, del quale per delicatezza preferiva non scrivere.

Ma ne parlava. Ecco una testimonianza resa da suor Renza Delle Pezze religiosa delle suore di Menzingen che dirigeva il Getsemani di Paestum quando Mary vi trascorreva il periodo estivo: «Una persona di animo nobile, mite, schietta, colta, ma nello stesso tempo aveva la semplicità dei santi [...] era felice quando c'era un sacerdote di passaggio perché poteva assistere a più Sante Messe. "Facciamo il bene – diceva – finché possiamo muoverci". Il telefono era il suo amico carissimo che la metteva in contatto con tante persone e suore di clausura. Un giorno, parlando della morte le chiesi: "Ha paura lei della morte?". "No, disse, perché il Signore ama i piccoli e gli indifesi e io sono una di quelli"». (28 gennaio 1987).

Infatti Gesù ha detto (e Giovanni Paolo II lo ricorda nell'enciclica): «Ero malato e mi avete visitato [...]: ogni volta che avete fatto queste cose a uno solo di questi miei fratelli *più piccoli* l'avete fatto a me» (Mt 25,40).

12

ROMA SANT'EUGENIO

L'abitazione dove la nostra famiglia si trasferì in seguito non gode delle preziosità ecclesiali di quella precedente a Porta Metronia, ma ne possiede delle altre che innamoravano Mary. Anzitutto l'immediata vicinanza con la cappella della casa generalizia della Ancelle del Sacro Cuore dove il Sacramento viene esposto ogni giorno per tutta la giornata. Dalle stanze di Mary non solo si vede la cappella, ma il suo interno e questo fu un grande conforto per lei, che prima raggiungeva ogni giorno la cappella per la messa del mattino, quando, dopo l'emiparesi, non poté più muoversi da casa. Sul versante opposto si vede la basilica di Sant'Eugenio che ricorda il «Pastore angelico», Pio XII, che resse la chiesa nel periodo della guerra che Mary visse a Roma, basilica che ora è la nostra parrocchia. Oltre Sant'Eugenio e oltre il Tevere, Mary poteva vedere il colle Vaticano che si proffia come una nave che ha sulla prua la cupola di San Pietro e sulla poppa la torre della radio.

Eravamo felici che Mary, non potendo più uscire di casa e appoggiandosi al suo carrello o dalla sedia a rotelle, avesse la possibilità di gustare ogni giorno questo panorama che è quasi una sintesi della storia e della fede.

Ritornando al suo studio, Mary poteva telefonare, ricevere, scrivere le innumerevoli lettere personali, le sue circolari e pregare.

La sua pietà di ogni giorno consisteva nell'eucarestia ricevuta durante la messa, nella recita dell'ufficio della Madonna e del Simbolo «operaio». Se dovessi scegliere fra i salmi del «Piccolo ufficio», quello che Mary recitava con maggiore attenzione, indicherei il salmo 62 che si legge alla domenica: «O Dio, tu sei il mio Dio, all'aurora ti cerco, di te ha sete l'anima, a te anela la mia carne, come terra deserta, arida, senz'acqua... Nel mio giaciglio di te mi ricordo e penso a te nelle veglie notturne...».

Erano poi il rosario e le coroncine a rendere satura del colloquio con l'Eterno le sue giornate. Al sabato, finché le fu possibile, frequentò la messa prefestiva durante la quale, dal primo banco, leggeva a voce alta e nitida la preghiera alla quale rispondono i fedeli.

Al collo portava la medaglia miracolosa del santuario di Rue du Bac a Parigi dove la Madonna apparve a santa Caterina Labouré e che Mary aveva visitato.

Sulla scrivania le molte carte che le venivano da ogni parte e, negli ultimi tempi, una lunga forbice che le serviva non per tagliare, ma per raggiungere i fogli che le occorrevano, in quanto la mano sinistra era incapace di afferrare e quella destra, a motivo della frattura dell'omero, aveva una mobilità limitata. L'ingresso del suo piccolo appartamento, prossimo alla porta di casa, faceva sì che il primo saluto a chi veniva fosse di Mary. La finestra di fronte alla sua scrivania le permetteva di vedere le case che si arrampicano sulla via Monti Parioli e fra queste una, la più vicina, che porta sulla terrazza dell'ultimo piano la scultura, a pieno tondo, di un gallo.

Fra i molteplici significati che il gallo ebbe nell'arte cristiana dei primi secoli ritengo che questo gallo moderno abbia ricordato a Mary quel gallo di cui parla un evangelista a proposito della parusìa, ossia del ritorno di Cristo per il giudizio universale: «Mentre [Gesù] era seduto sul monte degli Ulivi, di fronte al tempio, Pietro, Giacomo, Giovanni e Andrea lo interrogavano [...] Gesù si mise a dire loro [...] "Vigilate perché non sapete quando il padrone di casa ritornerà, se alla sera o a mezzanotte, o al canto del gallo, o al mattino, perché non giunga all'improvviso, trovandovi addormentati. Quello che dico a voi, lo dico a tutti: Vegliate"» (Mc 13,3-37).

Mary alla scuola del Getsemani aveva imparato a vegliare e pregare. Ritengo che il gallo le ricordasse ogni giorno una felice certezza: che il suo Gesù sarebbe tornato per accoglierla nella casa del Padre.

Come eco della vita trascorsa da Mary nella parrocchia di Sant'Eugenio raccolgo anzitutto la testimonianza del parroco don Luigi Tirelli Barilla:

Ho trovato un biglietto di Mary del maggio 1981 con il quale accompagnava una copia di *Tabor* per me, suo nuovo parroco a S. Eugenio.

Non ho avuto molte occasioni di conversare con Lei e penso che ad ogni incontro con Gesù Sacramentato fossimo entrambi tanto compresi della grandezza del momento da ridurre le parole a pochi accenti di fraternità e di amicizia: peraltro la delicatezza dei familiari temeva disturbarmi, con lunghi colloqui. Ma ho fatto così l'esperienza meravigliosa che le anime, se unite a Cristo, non hanno bisogno di discorsi e di spiegazioni per capirsi. Leggo, in un articolo della rivista *Tabor* il motto che Lei ricorda all'«operaia»: «leale, silenziosa, lieta e concreta». Si può realizzare questo ideale? Penso che Mary Gedda l'abbia incarnato stupendamente. Nell'ultimo periodo, così duro per il male fisico, splendeva anche sul volto la dolcezza di questa offerta «getsemanica» spirituale. Quanto è necessario e vero ciò che Lei scrive alle «operaie»: «trattenute in famiglia da persone anziane, inferme, bisognose delle loro cure» o esse stesse per età o altri motivi divenute involontarie «claustrali».

Conosco, in una parrocchia dove sono molti, e spesso soli, i longevi, che cosa vuol dire la lenta ma niente affatto inconscia «lotta» con gli anni incombenti: ricordi, diradarsi di amici e di visite, difficoltà di capirsi, acciacchi e d'altro canto un diritto a mantenere la vita anche attraverso interessi umani di piccolo o grosso calibro.

Mary aveva nel suo *Tabor* veramente un efficace mezzo di comunicare le radiose certezze della fede e dimostrava così con «concretezza» che il Getsemani è il velo terreno predisposto per capire la celeste beatitudine del monte della Trasfigurazione.

Siamo straordinariamente «graziati» da un Papa, che conosce e vive il dolore coi malati e i tribolati di ogni genere e questo dono che Dio ci ha fatto non è senza un Suo fine di ricostruzione di una società sfasciata e fatiscente: per ridare linfa a questi giovani privati di ideali, a queste coppie così sbandate nei legami più sacri, a tanti vecchi degni di compassione per lo squallore di un tramonto che sembra definitivo e non foriero dell'alba senza fine, ci vogliono anime non vegetali, ma «spirituali». Ce lo ha ripetuto il recente Sinodo dei Vescovi nella relazione finale: «Oggi abbiamo grandissimo bisogno di santi che dobbiamo implorare da Dio con assiduità».

Vorrei dare un consiglio ai miei confratelli, sacerdoti e parroci, di ogni paese: non perdete di vista queste anime privilegiate che si trovano nel perimetro dei vostri territori e che possono sostituire, se non ci sono, le «contemplative» che hanno sempre costituito le barre portanti dell'Arca Santa di Dio, la Chiesa pellegrina verso la Città Eterna!

La madre generale delle Ancelle del Sacro Cuore confinanti con la casa nella quale abitiamo mi ha scritto di Mary questo ricordo:

Le invio con poche e povere parole le impressioni che ha suscitato in me la cara amicizia con l'indimenticabile signorina Mary.

Dico «amicizia» anche se pochi contatti ho potuto avere con lei (solo rapidi saluti quando la vedevo nella nostra cappella o nell'uscire da questa), ma l'ho sentita sempre molto vicina e molto unita a me, al mio Istituto. Era veramente un'amica e una sorella. Mi è rimasta sempre profondamente impressa l'espressione del suo viso leggermente triste e sofferente, illuminata da quel suo sorriso dolce. Impressionava la finezza del tratto, l'interesse sempre dimostrato per quanto le si diceva o raccomandava alle sue preghiere.

Le suore che hanno avuto maggiori e più intimi contatti con lei, mi hanno più volte parlato della grande dimenticanza di sé della signorina Mary, della sua semplicità e modestia nel non mettere mai in risalto il lavoro faticoso e a volte certamente stressante, di compilare una rivista, scrivendo, sollecitando articoli, correggendo bozze. Mi hanno sempre detto che nel trattare con lei provavano serenità e pace. Le impressionava la dedizione affettuosa e tenera al suo Luigi per il quale erano il suo lavoro, i suoi sacrifici, le preghiere sue e anche quelle che si volevano offrire per lei. Al tempo stesso il profondo senso di gratitudine per quanto lui e la signora Linda facevano e si sacrificavano per lei.

La rammento spesso e la prego perché sono certa che intercede anche per noi, le Ancelle del S. Cuore, che considererà sempre amiche e sorelle.

MARIA LUISA LANDECHO

Torricella, 26 luglio 1985

La malattia di Mary che le impediva di inginocchiarsi e la obbligava a camminare con l'arto inferiore sinistro rigido e perciò appoggiata da questo lato all'infermiera e dall'altro a un bastone, ebbe un improvviso peggioramento quando incespicò in un tappeto e cadde. Ne risultò una contusione al capo e la frattura dell'omero destro. Qualche tempo dopo sopravvenne un'emiparesi a sinistra parzialmente risolta mediante fisioterapia. Però, da allora, non fu più in grado di scrivere a macchina.

In più, presero inizio dei dolori al torace che mediante un trattamento vitaminico fu possibile dominare. Ma l'organismo nel suo complesso deperiva in modo graduale e irrimediabile così da provocare delle estese e dolorose piaghe da decubito.

Malgrado ciò, serena e sorridente, Mary si interessava delle Adoratrici che frequentavano la cappella delle suore, e quando poteva, partecipava alle loro preghiere. Seguiva, con molto interesse, quanto avveniva nella chiesa parrocchiale, specialmente quando Giovanni Paolo II dispose che la basilica diventasse sede di prelatura per l'Opus Dei.

Delle immagini affrescate nel catino dell'abside di Sant'Eugenio da Ferruccio Ferrazzi, Mary apprezzava particolarmente quella della Sindone che le ricordava Torino e Montevergine, come pure quel gruppo di operai nell'atto di issare una grande croce che essa considerava come un simbolo della Società Operaia e volle che fosse riprodotto sulla copertina di *Tabor* nell'anno XXXV della rivista quando la Società Operaia, avendo ottenuto l'erezione canonica nella diocesi di Roma, fu dichiarata associazione di diritto pontificio dal Pontificium Consilium pro laicis (19 marzo 1981).

13

INTIMITÀ CON DIO

Questo capitolo non è stato scritto dall'autore del presente libro, né pensato da monsignor Donato Conte, cappellano delle Ancelle del Sacro Cuore e direttore spirituale di Mary, che lo ha scritto. È l'ultima personalissima opera di Mary che ha vissuto questi pensieri e li ha confidati. È quasi un dettato.

La Provvidenza ha voluto farmi conoscere Mary e la sua famiglia sono già molti anni, e poi... tutti i giorni le sono stato vicino per portarle Gesù, confessarla o dialogare su Dio e le cose spirituali. Non credo di aver dato tanto, ma ho ricevuto molto, e sento la mancanza di lei: ora la prego e mi ascolta.

«Ormai, con nostro Signore, ci intendiamo assai bene – diceva con disinvoltura Mary – ci diamo del tu». «Capirà, a viverci tante ore in compagnia!».

Radicata in Cristo, afferrata da Cristo, vissuta da Cristo, Mary era annegata in tanto fuoco d'amore divino. «Il Signore mi ha afferrata ed io ho capitolato davanti a Dio; mi è così vicino, lo contemplo e adoro dall'alto di questa casa, attraverso questa finestra; è lì sull'altare della cappella delle Ancelle del Sacro Cuore e ci facciamo compagnia tutti i giorni, specialmente quando imbrunisce: si accendono le luci e Lo vedo raggiante nell'ostensorio e mi invade».

«Padre, ho trovato il Paradiso sulla terra, perché il Paradiso è Dio, e Dio abita in me. Da quando l'ho capito, tutto si è illuminato per me. E poi dicono che l'amore è cieco! E invece l'unico che ci vede: vede nella persona amata delle bellezze che chi non ama non sa vedere».

15 settembre 1981. Ho trovato Mary piangente. Le lacrime di Mary, il Getsemani di Mary... «Cos'hai, Mary, da piangere? Ti senti sola?». E lei: «Ho dato dispiacere al Signore, per questa ferita... [si riferiva alle ferite del suo decubito]. Qualche volta mi scoraggio... No, non sono sola, oggi Gesù è stato sempre con me, sono sulle spalle del Buon Pastore; oggi Gesù è stato con me in ogni istante, la giornata l'ho vissuta con Lui, perché la mia vita è un viaggio di ritorno verso la casa paterna. Se mi unisco di più a Lui, con tutto il mio essere, non vi sarà per me né dolore, né travaglio, né assenza di luoghi, né solitudine, ma viva sarà la mia vita tutta piena di Lui. Veramente, Padre, da quando ho imparato chi è Gesù Cristo, nessuna cosa creata mi è parsa sufficientemente bella da doverla guardare con maggiore desiderio».

Qui entriamo sempre più sul piano esperienziale: le cose del mondo scompaiono, tutto si ritira in silenzio davanti a questa meravigliosa presenza, testimonianza. Allora capivo sempre più che non potevo insegnarle molto e pregavo solo lo Spirito che mi illuminasse, che mi aiutasse per starle vicino come sacerdote e specialmente come confessore. Non si può descrivere quello che sentivo certe volte... avvertivo il senso maestoso di una vita che aveva un respiro più grande della mia... sentivo la solennità degli immensi susurri divini, dell'immensità di un'anima che aspira a salire sempre più in alto, con il sapore dell'eccelso e dello straordinario.

Pentecoste del 1982. Mary se ne uscì con queste parole: «Lasciarsi portare da Dio come l'aquilotto si lascia portare sulle ali dell'aquila madre, per imparare a volare, o come l'agnello si lascia portare sulle spalle del Buon Pastore; anche se la vita ci arreca esperienze di debolezze, di incostanza, di insuccessi e fa capolino la tentazione dello scoraggiamento. La virtù che amo di più è la speranza. La fede non mi stupisce, non è cosa sorprendente; la carità non mi stupisce, non è cosa sorprendente; la speranza, ecco quello che mi stupisce: questa gioia che non si arrende mai».

Venerdì santo 1982. «È bello cantare – sussurrò quella sera con voce tremante – con la liturgia la gloria della croce: *Fulget crucis mysterium*, ma è duro sperimentare la pesantezza sulle spalle, la croce è la prova del fuoco della fedeltà; e ogni giusto deve essere pronto ad abbracciarla. È stato così per Abramo, per Giacobbe, per Geremia, per Maria, per gli Apostoli e per tutti. La croce è la compagna fedele della mia esistenza..., è un litania senza fine».

Un altro giorno. Ero andato a confessarla. «Sia lodato Gesù Cristo! Cominciamo con il silenzio, signorina». Il silenzio era per lei la dimensione interiore della solitudine; la dimensione per ascoltare Lui che parla.

«Per sperimentare Lui che parla – diceva Mary – bisogna tacere: il silenzio è il cuore in ascolto, il silenzio è un orecchio teso al Verbo, è il clima degli scambi in profondità... La preghiera ha per padre il silenzio e per madre la solitudine; la parola di Dio ha cose meravigliose da darci... bisogna saperla raccogliere».

«Nel Nome del Padre, del Figlio e dello Spirito Santo. Preghiamo un poco». Ed ella era felice.

Maggio 1982. Mi disse: «Occorre sopportare se stessi, cioè accettare con serenità i propri limiti». «Le pitture del Caravaggio, signorina, – le dissi io – sono belle, ma fatte di ombre e di luci, e le luci emergono di più perché c'è qualche ombra». «Occorre saperci accettare come siamo – continuava lei – con lo sforzo quotidiano di renderci migliori. Allora si diventa uomini felici di vivere».

L'argomento del dolore era quasi all'ordine del giorno, ma lei aveva sempre la medesima risposta: «La sofferenza è un mistero, che non può illuminarsi che alla luce della fede. Il male nel mondo non è voluto da Dio. Gli uomini disprezzano il suo piano con il peccato, hanno squilibrato l'uomo e l'universo, e fatto nascere la sofferenza. Ma Cristo è venuto a riparare il disordine. Della sofferenza inutile, ha fatto lo strumento stesso della redenzione».

Teologicamente esatto. Cristo non ha finito di morire. Muore ancora negli uomini, che ogni giorno attorno a noi soffrono e muoiono. Egli ancora continua ad offrirsi al Padre per la salvezza del mondo.

«Affinché ogni sera, Signore, riposando nelle tue braccia, impari a morire...; non c'è briciola della mia piccola sofferenza che Tu non abbia già vissuta e trasformata in infinita redenzione; se la strada è dura e monotona, se conduce al sepolcro, so che oltre il sepolcro Tu mi attendi glorioso...». Ogni dolore è Lui, il Crocefisso. Se ogni croce è Lui, allora ogni croce è benedetta.

Un altro giorno. «Cosa hai fatto, Mary? Hai passeggiato? Personalmente sono stato molto occupato oggi, con la scuola, i malati, le suore; la mia vita di sacerdote sembra tutto un correre...». E lei: «Gli uomini corrono tutti dietro al tempo, caro don Donato, passano sulla terra correndo, frettolosi, precipitosi, sovraccarichi, impetuosi, avventati, per riprendere il tempo, per guadagnare tempo e rimanere... con un pugno di mosche. Tutti si lamentano di non aver tempo a sufficienza, perché guardano alla loro vita con occhi troppo umani. Signore, ho tutto il tempo mio, tutto il tempo che tu mi dai, gli anni della mia vita, le giornate dei miei anni, le ore delle mie giornate; a me spetta riempirle, serenamente, con calma, divinamente, ma riempirle tutte, fino all'orlo, per offrirtele; non ti chiedo oggi, o Signore, il tempo di fare questo e poi ancora quello, di scrivere molti articoli e di telefonare a non finire, ti chiedo la grazia di fare coscienziosamente nel tempo che mi dai quello che tu vuoi che io faccia. Non voglio contare le mie opere buone. Niente prodezze da me. Solo miracoli del Signore, accolti in cuore umile, povero, ma totalmente aperto ai suoi doni. Lui solo compie meraviglie».

21 dicembre 1982. Oggi è l'anniversario del mio sacerdozio: ho visitato Mary. Mary ama la Chiesa, i sacerdoti e ha gusto ecclesiale. Non l'ho sentita fare discorsi inutili o di troppo sui ministri di Dio.

Il viatico di Mary. Non posso dimenticare questo episodio. Aveva ricevuto quella sera l'olio degli infermi e si pensava che proprio in quei momenti tornasse alla casa del Padre (per la prima volta vedo qualche lacrima rigare il volto del prof. Gedda). Dopo qualche ora, per volontà di Dio, Mary tornò tra noi, sorridente... Si svegliava come da un sonno spirituale: «Sei ancora qui Mary?». «Oh, viva! Son tornata in terra tra i miei... ma devo purificarmi ancora...».

Dopo averla confessata per l'ultima volta – circa una settimana dopo la sua ripresa – voleva ancora trovare il pelo nell'uovo; e io non capivo più quali fossero i suoi difetti: era tanta l'ansia in lei di purificarsi, abbellirsi per lo Sposo, perfezionarsi...

Avendole imposto come penitenza sacramentale una preghiera di ringraziamento, lei esclamò: «L'anima mia magnifica il Signore...». «Bisogna saper dire grazie», diceva ancora, e si estasiava.

Per capire Mary attraverso la preziosa testimonianza di monsignor Conte mi sembrano risolutive queste parole scritte recentemente da padre Teobaldo da Genova: «La preghiera cristiana ha come vero protagonista Dio che per primo ci è venuto incontro. È Dio che per primo ha aperto il dialogo. La preghiera non deve essere pensata come una scala per salire a Dio, ma piuttosto come una scala per permettere a Dio di scendere verso di noi. Lui, poi, ci aiuterà ad entrare in Lui»[1].

Mary raggiunse l'intimità con Dio perché la sua vita fu, per l'appunto, uno «stato di preghiera».

[1] *Vita vissuta*, «Fraternità» (Servizio ai sacerdoti) 1987, n. 31 (gennaio-marzo).

14

FELIX AÑO

Un'immagine di Mary, fotografata nella cripta del Getsemani di Casale Corte Cerro, è parlante.

Con le mani giunte appoggiate sulle braccia della statua di Gesù in agonia, Mary lo guarda e lo riflette; ma non come uno specchio potrebbe riflettere un volto angosciato, velato di sudore e di sangue. Il volto di Mary è trasfigurato dalla «metànoia», la trasfigurazione che il dolore di Cristo produce nell'anima del cristiano perché la passione del Salvatore lo libera dal peso del suo dolore, dalla disperazione della morte.

La meditazione di Mary aveva esplorato il Getsemani in ogni senso e perciò, se anche non conobbe letteralmente il testo di una riflessione di Pascal, certamente ne ha partecipato, per conto suo, il pensiero. Le parole di Pascal sono queste: «Jésus s'arrache d'avec ses disciples pour entrer dans l'agonie; il faut s'arracher de ses plus proches et des plus intimes pour l'imiter» (Gesù si strappa dai suoi discepoli per entrare nell'agonia: è necessario strapparsi dalle persone prossime e dai più intimi per poterlo imitare).

Era da qualche tempo ormai che Mary, senza parlarne con i familiari, si accorgeva che la sua vita doveva presto concludersi. Quando, colpita dall'emiparesi, aveva avuto bisogno di me per trasferirsi dalla sedia al letto, mi disse a voce alta come per scaricarsi il cuore: «Se il Signore mi vuole, perché ti addolori? Io sarò sempre con voi». Allora ho ingoiato le lagrime ed ho taciuto, ma ora sottolineo quelle sue parole: «Se il Signore mi vuole...» che le uscirono spontaneamente e misurano quanto fosse intimo e continuo il suo colloquio con Dio.

Più tardi, circa un mese prima della morte, quando superò una crisi ipoglicemica, mi disse: «Luigi, è bene che io muoia...». Mary collegava i valori della vita nel tempo che Dio le aveva concesso a quella che sarebbe stata la sua vita nell'eternità e ai compiti che Dio le avrebbe affidato come quello di assistere chi essa amava, e a cui avrebbe cercato di procurare fiducia, serenità e assistenza.

Due particolari mi hanno confermato in questa ipotesi. Anzitutto l'ordine che ho trovato nelle sue carte quando venne a morte, come di persona che deve fare delle consegne, ordine che per lei era molto difficile perché impedita anche nei movimenti degli arti superiori. Inoltre il fatto che, essendosi verificato il suo transito alla fine del gennaio 1985, Mary fece in tempo a ricevere molti calendari del nuovo anno e fra questi uno di provenienza spagnola che porta come titolo e augurio *Felix año 1985*. Mary lo prescelse e lo collocò, con evidenza, a capo della sua rubrica telefonica, dove io lo trovai in seguito. Era dunque un anno che avremmo dovuto considerare felice, quello che Mary prevedeva essere il suo anno pasquale, del passaggio dalla terra al cielo...

Nel suo corpo il sistema endocrino aveva avuto varie compromissioni probabilmente in rapporto con la sua lunga malattia ossea. Da qualche tempo infatti soffriva di squilibri glicemici con ipo ed iperglicemie. A questi disordini furono in buona misura attribuiti l'emiparesi, la difficoltà nella visione per l'opacarsi del cristallino ed anche le piaghe da decubito che, per un certo periodo, migliorarono con il trattamento insulinico.

Così venne il giorno nel quale Iddio, come lei prevedeva, la volle con Sé.

Non posso descrivere quelle ore con parole diverse da quelle che scrissi allora per *Tabor* e che riporto come fosse la testimonianza immediata di un'altra persona. Difatti mi sentivo un altro e lo dissi a mia moglie, perché la nostra Mary non era più con noi.

Mary ci ha lasciati il 29 gennaio, rapidamente, per un coma diabetico, che si è sovrapposto alle malattie di cui soffriva da molto tempo ed ho potuto appena, quella mattina ancora, portarle l'eucarestia come ho fatto 419 volte durante l'ultimo periodo della sua vita, per grazia divina e concessione del cardinale Ugo Poletti. Mary ha risposto alle formule che recitavo ripetendo il *confiteor*.

Un mese prima, nella crisi che poté essere superata, aveva ricevuto da Monsignor Conte l'olio degli infermi. Alle 13 mi baciò due volte; un bacio era per me e per Linda, l'altro per la Società Operaia. Poi perse conoscenza e alle 13,45 raggiunse Dio.

Noi l'abbiamo vestita di bianco come una sposa che va incontro al suo Signore e le abbiamo messo fra le mani un rosario composto con noccioli delle olive del Getsemani di Gerusalemme perché fu una grande anima getsemanica che si presentava al Signore con questo titolo, avendo ispirato la sua vita a quella di Maria, la Regina del Monte degli Ulivi.

Il suo transito fu di martedì e le sue esequie di giovedì; anche con questo Mary volle darci un'indicazione getsemanica. Infatti è più facile ripetere il *fiat* del dolore per il distacco da una persona amatissima nel giorno nel quale lo ha pronunciato Gesù.

L'abbiamo portata alle 11 nella nostra parrocchia di Sant'Eugenio che ricorda Pio XII dove nel 1975 erano avvenuti i funerali di don José Maria Escrivà de Balaguer, il fondatore dell'Opus Dei.

La sua bara era sul pavimento coperta da un grande cuscino di fiori bianchi. I presenti erano una folla composta di «operai» di Roma e fuori, amici e conoscenti. Nel presbiterio la santa messa fu celebrata dal cardinale Pietro Palazzini, prefetto della Sacra Congregazione per i Santi, assistito dal parroco don Luigi Tirelli e da padre Lucio Migliaccio, procuratore generale dell'Ordine dei Chierici Regolari della Madre di Dio. Celebravano altri diciannove sacerdoti.

Il cardinale Palazzini pronunciò il discorso e il parroco don Tirelli ricordò che Mary, parrocchiana esemplare per la sua sofferenza e per il suo sorriso, estendeva il suo apostolato in tutta Italia come redattrice di *Tabor*. Nell'intervallo fra la santa messa e le esequie io ho recitato a nome di Mary il Simbolo degli «operai».

Poi abbiamo accompagnato la salma di Mary nel cimitero del Verano e l'abbiamo provvisoriamente collocata nella tomba dei Romano, la famiglia di mia moglie.

Ora comincia il dopo Mary.

Questo lo dico per tutti voi, fratelli e sorelle della Società Operaia, perché certamente capite cosa significhi per me non avere più al centro dei nostri rapporti il suo telefono, la sua corrispondenza, la sua funzione di redattrice di *Tabor* e soprattutto il suo consiglio saggio, soave, quotidiano. Perciò propongo a tutti gli «operai» e le «operaie» di considerare Mary Gedda «confondatrice» della Società Operaia. Mi sembra dovuto e bello.

Appartenere alla Società Operaia non significa aspirare ad un bene terreno, ma scegliere una strada perché gli uomini e la propria anima conseguano il bene eterno. Questo da laici e come laici. Mary lo aveva capito e lo insegnava. Alla maggiore consapevolezza, deve seguire un esame di coscienza dell'«operaio» perché Dio ha un progetto per ciascuna persona umana che dev'essere realizzato. È ciò che ha fatto Mary in condizioni di eroismo.

Questo puntare sull'assoluto, sull'eterno e sul divino è il massimo realismo al quale un uomo può essere chiamato. Ci troviamo in un periodo storico nel quale il costume cristiano va scomparendo perché manca la sua radice profonda che è l'imitazione di Cristo, la docilità alla sua parola e il ricorso a quei misteri che ha lasciato a disposizione della Chiesa perché gli uomini possano essere salvati e, come lui, dei salvatori; perché Gesù significa appunto «Salvatore».

Una lezione che Mary faceva sopratutto ai giovani era la seguente: Il *fiat* del Getsemani non significa soltanto accettazione della fatica quotidiana, del lavoro necessario e del dolore ma, prima ancora, è un prolungamento del *fiat* con il quale Dio ha creato e mantiene in essere l'universo e l'umanità. Iddio ha un piano minuzioso, individuale, articolato, di integrazione reciproca fra gli uomini che si conoscono e non si conoscono. Bisogna accettare questo piano creativo e concreto, vocazionale e individuale perché si compia.

Non vi è possibilità di progresso fuori di questo piano che è riservato al *fiat* della creazione, dell'annunciazione e del Getsemani.

Questo discorso impegna l'uomo a «costruire la volontà di Dio», a cercarla secondo le sue attitudini e il suo ambiente e a portare con fortezza le avversità che possono contrastare il piano divino. La Chiesa, alle soglie del 2000, ha bisogno di questo laicato.

Termino col dirvi che vorrei ricordare Mary con un opuscolo e perciò vi sono grato se mi scriverete quanto avete conosciuto di lei o ricevuto attraverso colloqui, lettere, articoli.

Nell'eucarestia io la ritrovo. Fate così anche voi.

Così io scrissi allora per *Tabor* e lo ripeto benché non sia facile imitare Mary nel considerare «felice» l'anno del suo transito.

È il cardinale Pietro Palazzini che ci insegna come si possa giungere dalle lagrime alla gioia con il discorso[1] che pronunciò quel giorno nella chiesa di Sant'Eugenio:

> Quando la creatura umana non possiede più nulla: quando si trova impotente di fronte ad eventi che la superano e la travolgono, ha ancora una risposta: le restano le lagrime.
>
> Iddio ha messo così in alto il prezzo delle lagrime, ha annesso tanta efficacia a questo dono misterioso che Egli stesso si lascia vincere dal pianto. Il Verbo di Dio Incarnato, Gesù Cristo, si è lasciato commuovere dalle lagrime della vedova di Naim restituendo alla vita il suo unico figlio; si è lasciato vincere dalle lagrime di Pietro, concedendo non solo il perdono, ma dandogli il carisma del primato nella sua Chiesa. Egli stesso, fatto uomo, ha pianto sulla tomba di Lazzaro.
>
> Quindi, quando al ricordo di quelli che non ci sono più, il rimpianto fa salire le lagrime dal nostro cuore, non è già un debole tributo che noi deponiamo sulle bare e sulle tombe dei nostri morti, perché deponiamo allora quello che c'è di più prezioso nelle nostre anime, nel nostro sentimento; quello che c'è in noi di più intimo e di più profondo..., diamo una testimonianza d'amore.
>
> Ora perché non fossimo ridotti a non poter offrire ai nostri morti altro che lagrime sterili, Iddio ha messo nel nostro cuore e sulle nostre labbra, qualche cosa di ben più efficace e fecondo, qualcosa che penetra oltre questo mondo e, attraversando il luogo di prova, porta freschezza, luce, pace, ai nostri defunti: ha messo la preghiera.
>
> La preghiera è ben più feconda delle lagrime, ha ben più valore dei ricordi; per la preghiera non vi sono ostacoli, non vi sono distanze, non vi sono limiti. Il cielo si apre alla voce della preghiera.
>
> La preghiera ottiene tutto, trionfa su tutto. È l'onnipotenza supplice. Egli stesso ce lo ha assicurato, il Figlio di Dio, Cristo benedetto: «Pregate ed otterrete». Perciò in questa pur dolorosa circostanza quanti abbiamo conosciuto ed apprezzato la defunta, la ricordiamo davanti a Dio, perché, Padre di infinita misericordia, accolga l'offerta del Sangue di Cristo in propiziazione e suffragio per la sua anima.

[1] Il discorso è riportato integralmente negli Appendici.

Chi l'ha conosciuta sa bene quale era il suo impegno cristiano nell'umiltà e nel silenzio. Sa bene il suo zelo apostolico, specie a mezzo della stampa, della rivista *Tabor*, con cui giustamente pensava di raggiungere quanti non riusciva, anche per le sue condizioni fisiche, a raggiungere di persona. E mentre nella sofferenza e nel dolore affinava la sua anima, aveva nella rivista un pulpito, da cui bandire la parola di Dio.

Lo faceva senza risparmio di forze e di tempo.

Poi la fine, che ha riempito tutti, fratello, cognata, parenti e conoscenti di profondo dolore.

Il cristianesimo non è inumano: la morte è il massimo dei dolori, la separazione dalle persone care è la più tremenda delle angosce. Ma nel cristiano questo dolore è lenito dal pensiero di una misteriosa presenza, che continua oltre la morte.

La morte, che, nelle sensibilità, dà la tristezza dell'assenza, nella fede dà la dolcezza di una presenza vera, più sicura di quella che la vita garantiva. Perché i morti non appartengono alla variazione del tempo, superano i limiti dello spazio, tolgono la confusione dei numeri e delle date. Se si ha fede nella vita come prova, si deve averla nella morte come promozione, perché è il culmine, un passaggio. Ed è ancora la fede a parlarci del misterioso legame che unisce vivi e defunti con un meraviglioso scambio di aiuti nella preghiera, suffragante degli uni, intercedente degli altri.

La differenza sostanziale nell'interpretare la vita e gli avvenimenti fra chi crede e chi nega, è che i credenti sanno che il «reale è nell'invisibile» e gli altri si ostinano disperatamente ad aggrapparsi al visibile.

Per noi il lutto è un rito e le lagrime una lavanda purificante. Al mondo, che, fra passato e futuro, si aggrappa a ciò che vede e tocca, noi diciamo che siamo sostenuti dalla sicurezza in quello che non vediamo.

A ogni morte che esperimentiamo nelle nostre file è una crescita in finezza che proviamo, sorpassando la vertigine del vuoto che ci tenta. Parola di Gesù: «Sarete tristi, ma la vostra tristezza si trasformerà in gioia e nessuno potrà rapirvela».

15

COMMENTO

Nel descrivere l'immagine di Mary ho approfittato dei ricordi di molte persone che desidero ringraziare singolarmente perché hanno reso possibile una certa compiutezza del racconto biografico e la necessaria spersonalizzazione del mio discorso.

Di alcune testimonianze non mi sono ancora servito perché, in vario modo, esulano dal contesto temporale e rappresentano un commento, quasi una sintesi di ciò che l'immagine di mia sorella ha lasciato nel cuore di molti.

Il commento prende inizio dai ricordi di padre Lucio Migliaccio, superiore generale dell'Ordine della Madre di Dio, i quali si riferiscono in particolar modo al pellegrinaggio di Mary in Palestina che ebbe luogo con la Società Operaia nel 1972 e che era il suo secondo viaggio in Terra Santa, avendo già visitato Gerusalemme nel 1964.

Il mio primo incontro con la Mary fu in via Amba Aradam dove abitava con il papà e con Luigi suo fratello: tornava dalla chiesa della Navicella poco distante dall'abitazione; vidi così il suo volto giovanile, due occhi penetranti, un largo sorriso spuntare da un mucchio di panni rossi; erano le vestine dei chierichetti che avrebbe dovuto rammendare e stirare. Non c'è dubbio che dovette lasciare in me una certa impressione, se a distanza di circa quarant'anni posso ricordare con tanta precisione questo incontro. In quel periodo di grande vitalità, so che era particolarmente impegnata in parrocchia.

Altre due circostanze riportano la mia memoria a momenti particolari. La prima è il pellegrinaggio a Lourdes durante il quale rimasi edificato per la devozione alla Madonna. Credo che abbia trascorso tutto il suo tempo disponibile alla Grotta.

L'altra circostanza, forse di più intensa emozione, è il viaggio in Palestina. L'immagine che mi ritorna con maggiore rilievo è di quando abbiamo raggiunto il lago di Tiberiade avendo visitato Nazareth. Cana, Genezaret e di qui, in battello, siamo giunti a Cafarnao. Sulla strada del ritorno sostammo a lungo a Tabgha nei pressi della «Cappella del primato» così chiamata per l'episodio che qui ebbe luogo dopo la resurrezione di Gesù.

«Gesù si manifestò ancora ai discepoli sul mare di Tiberiade – scrive l'evangelista Giovanni – e si manifestò in questo modo. Simon Pietro, Tommaso detto Didimo, Natanaele da Cana di Galilea e altri due discepoli si trovarono insieme. Dice loro Simon Pietro: "Vado a pescare". Gli rispondono: "Veniamo anche noi con te". Uscirono dunque e montarono in barca, ma quella notte non presero nulla. Quando ormai s'era fatto giorno, si presentò Gesù sulla riva. I discepoli però non sapevano che era Gesù. Dice loro dunque Gesù: "Figlioli, non avete un po' di companatico?". "No", gli risposero. Ma egli disse loro: "Gettate la rete dal lato destro della barca e ne troverete". La gettarono dunque, e non erano più capaci di tirarla per la gran quantità dei pesci. Allora il discepolo che Gesù amava, dice a Pietro: "È il Signore!". Simon Pietro sentendo: "È il Signore!", cinse la sopravveste, perché era nudo, e si gettò in mare».

Segue, nel testo di Giovanni, la narrazione della colazione di pane e pesce che Gesù fece con gli Apostoli e prosegue: «Quando dunque ebbero fatto colazione, Gesù chiede a Simon Pietro: "Simone di Giovanni, mi ami tu più di costoro?". Gli risponde: "Sì, Signore, tu sai che ti amo". Gli dice: "Pasci i miei agnelli". Gli domanda di nuovo, per la seconda volta: "Simone di Giovanni, mi ami tu?". Gli risponde: "Sì, Signore, tu sai che ti amo". Gli dice: "Pasci le mie pecorelle". Gli chiede per la terza volta: "Simone di Giovanni, mi ami tu?". Si contristò Pietro, perché gli aveva domandato per la terza volta: "Mi ami tu?"; ed egli rispose: "Signore tu sai tutto, tu conosci che ti amo". Gesù gli dice: "Pasci le mie pecorelle"». (Gv 21, 1-17).

Ho ritenuto necessaria la citazione perché è di questo colloquio di Gesù con Pietro che Mary ha parlato con me seduta su uno di quegli scogli che sembra sorreggano quella piccola chiesa. Mary, lo ricordo perfettamente, era come assorta ed ebbi veramente la sensazione che stesse ascoltando le medesime parole del Signore rivolte a Pietro: «Mi ami tu più di questi?». E volle che registrassi alcune considerazioni sul luogo e sulla testimonianza di Pietro. Poi, cosa inaspettata, pregò l'architetto Avetta perché, accostando il microfono alle acque del lago, registrasse anche il sussurro delle onde che si rifrangevano contro la roccia... credo che questa registrazione esista ancora.

Più frequenti furono gli incontri con Mary durante il periodo della sua malattia, un periodo molto lungo che nell'arco della sua vita ne ha occupato la maggior parte; un Getsemani durante il quale più volte ha ripetuto «non mea voluntas sed tua fiat», ma credo anche «si possibile est transeat a me calix iste» perché si sentiva limitata nella sua possibilità di lavoro, di aiuto materiale al fratello, alla parrocchia, alla Società Operaia. Si ha un bel dire che le sue pene fisiche, i suoi dolori laceranti erano il contributo più prezioso alle «Opere» che pur seguiva con ammirabile forza d'animo, servendosi del telefono in modo del tutto singolare. Senza la sua malattia, la Mary sarebbe stata, con la sua intelligenza e con la sua preparazione culturale, una donna d'azione, una donna forte come quelle che ci vengono descritte nella Sacra Scrittura. Nella scia dinamica di suo fratello, avrebbe voluto muoversi, andare, essere presente, spronare, guidare: tutto questo avrebbe voluto fare la Mary; ma la sua immobilità, il bisogno continuo di cure la mortificarono nel suo «volere». È stato questo il volto più nascosto della sua autentica sofferenza.

Gli incontri che ebbi con Mary quando non le fu più consentito di uscire, furono «eucaristici», se è lecito usare questa espressione. Essa partecipava con indicibile devozione alla santa messa quando io la celebravo nella sua casa di Roma; al piccolo altare faceva da abside la visione incomparabile della cupola di S. Pietro. Se non avessi il timore di essere frainteso, direi che era una concelebrazione: lei prendeva parte al sacrificio eucaristico partecipando a suo modo con il suo personale sacrificio.

Però non avrei mai pensato a quella che sarebbe stata la messa celebrata nel suo «dies natalis», nello studio attiguo alla sua camera ardente. Fra il piccolo altare e l'arco della porta, protetta da un grande Crocifisso d'argento, vedevo il suo volto sereno, dormiente, ed ebbi la sensazione di ritrovarmi sul Sion, dove nella Cripta dell'Abbazia dei Padri Benedettini avevamo contemplato insieme la «Dormitio Mariae».

L'ingegnere Pietro Molla, marito della serva di Dio Gianna Molla Beretta, conferma quanto si è detto dei rapporti fra Gianna e Mary con questa preziosa testimonianza:

> Io ho avuto la grandissima fortuna di poterla conoscere, anche se soltanto dal 1979 in brevi incontri a Roma, al suo tavolo di lavoro, al Getsemani di Casale Corte Cerro e attraverso alcuni scambi di corrispondenza che mi hanno commosso ed edificato.
>
> Dal suo conversare, dal suo parlare di ricordi di Gianna e sorelle della Famiglia Beretta, dal suo comportamento verso di me, dal suo illustrarmi le origini e la vita della Società Operaia e del Getsemani, dal suo insistere, nei suoi scritti, nell'invito a pregare Gianna per le opere apostoliche del fratello, ho ricavato subito ed ho conservato prima la certezza di trovarmi di fronte ad una creatura eccezionale per doti di spirito e di cuore, di impegno cristiano per umiltà e silenzio, ansia e volontà di far del bene, tratto soave anche nella sofferenza, vita di preghiera, di azione e al tempo stesso di unione con Dio.
>
> Di Mary conservo fra le documentazioni più care della causa di beatificazione di Gianna le fotografie di gioventù con Gianna e le sue sorelle e gli scritti che mi ha indirizzato.
>
> Di Mary Gianna mi parlò frequentemente negli anni 1955-1961, con sentimenti di profonda ammirazione e di affettuosa amicizia, comunicando a me quella conoscenza di Mary che ho espresso.
>
> Leggendo e rileggendo con viva commozione e crescente edificazione quanto è scritto nel numero di gennaio-febbraio 1985 di *Tabor* trovo fra lei e Gianna una profonda affinità per testimonianza cristiana, vita di fede e di preghiera e di azione, e per accettazione piena della volontà del Signore, anche quando essa chiama all'eroismo.
>
> Io sono convinto che Gianna e Mary abbiano avuto una pari, ineguagliabile educazione e formazione religiosa, soprattutto nella Famiglia e nell'Azione Cattolica.
>
> Entrambe poi, chiamate dal Signore a vocazioni e a circostanze di vita differenti, hanno corrisposto al «dono di Dio» con virtù egualmente eroiche, attinte alle vette delle beatitudini evangeliche del discorso della montagna.

L'*Osservatore Romano* commentava la notizia della morte di Mary con un articolo del direttore professore Mario Agnes, già presidente generale dell'Azione Cattolica Italiana, intitolato «La finezza spirituale di Mary Gedda», dal quale riporto:

> Mary Gedda, la cui forte tempra e il cui ardente ideale il lungo male aveva sublimato, è tornata al Padre dopo una vita spesa per Cristo, la Chiesa e i fratelli.
>
> «Operaia di Cristo» è stata semplicemente definita, tale è stata con la convinzione profonda che quella era la sua scelta ed è stata la sua vita. In uno degli ultimi fascicoli della rivista *Tabor*, di cui Mary è stata vicedirettore e assidua scrittrice, annotava: «Dobbiamo anche ricordarci di un altro Reparto simbolico già esistente che ci può essere di valido aiuto per raggiungere, poi, il Reparto del Paradiso». «Si tratta – precisava – del Reparto Operaio Spirituale Ammalati». E aggiungeva: «È un Reparto prezioso per chi ne fa parte, perché pur trattandosi di persone ammalate o comunque inferme, forse immobilizzate in un letto, dà loro la gioia di sentirsi "operai" del Signore attraverso la preghiera, il sacrificio vissuto giorno per giorno in unione al *fiat* di Gesù agonizzante».
>
> Concludeva: «Vorrei chiedere a operai e operaie di prendere a cuore questo Reparto, di coltivarlo bene onde sia un bel "roseto" affidato alla Vergine Santa, "Rosa mistica" che dà gloria a Dio e diffonde bene a tutti».
>
> Volle che il «Reparto» si chiamasse «R.O.S.A», dal nome della regina dei fiori. Per gli amici è il «testamento» spirituale di Mary. Lei, eroica nel dolore, aveva pensato a coloro che avrebbero fatto la sua stessa esperienza. Forse senza avere – almeno inizialmente – il sostegno della sua stessa fede. Ma dal Cielo la sua opera continua. Gesù agonizzante è il preludio della Pasqua, del Gesù Signore della vita e distruttore della morte. La fede fa questo dono che diventa esempio concreto di scelte radicali per i fratelli.

Monsignor Cosimo Petino, professore di teologia, sottolinea il profilo del pensiero getsemanico di Mary:

> Il mio primo incontro con Mary Gedda avvenne per telefono. Mi chiese per la rivista *Tabor* un articolo, e lo fece con tanta umile insistenza che non potei sottrarmi. Parlava pacatamente, con una voce nella quale però vibrava un profondo interesse per la vita spirituale e culturale dei laici ai quali, precisamente, la rivista era destinata.

Nell'udirla mi venne spontaneo pensare all'espressione del filosofo oratoriano A. Gratry «la dolcezza è la pienezza della forza», che poteva ben esprimere la personalità dell'interlocutore. Gliela applicai subito, quasi per il timore che il tempo facesse sbiadire quel giudizio emerso dalla mia coscienza come per una folgorazione gioiosa.

A distanza di molti anni, che mi hanno permesso d'avere una conoscenza diretta e più sicura di Mary Gedda, sento di non dover mutare una sillaba. La sua dolcezza traduceva la forza interiore che l'animava, per cui le cose che costituiscono la vicenda terrena non la sconvolgevano affatto, fondata com'era nell'amore di Dio, nel quale credeva e del quale si nutriva.

Nel 1979 m'invitò a guidare un corso di esercizi spirituali per i membri della Società Operaia a Casale Corte Cerro. Accettai subito come un dono del cielo, anche perché desideravo tornare al Santuario del Getsemani di cui conservavo un ineffabile ricordo. Lì feci alcune conversazioni che continuarono negli anni successivi in occasione di altri corsi di esercizi. Non era molto prodiga di parole, quel tanto che bastava per farsi capire. Ma si sa che le persone, a chi le osserva con attento rispetto, si rivelano per quel che sono anche in una semplice frase o in un piccolo gesto.

Mary Gedda non assumeva pose da prima donna né teneva salotto per attrarre l'attenzione. Tutt'altro! Viveva ovattata nel silenzio, come assente al mondo esterno, al quale tuttavia non negava la dovuta attenzione, tanto più che era responsabile dell'andamento della casa.

La sua presenza era una lezione continua di umanità, di raccoglimento, di preghiera. Insegnava senza salire in cattedra. Ed erano lezioni di vita che giovarono moltissimo pure a me, sacerdote e professore di teologia. In Mary Gedda la teologia era divenuta scienza vissuta in pieno, senza comodi adattamenti.

Volendo chiudere in bellezza il corso di esercizi spirituali nel 1980, pensai di sviluppare il tema dei «dolori mentali di nostro Signore durante la Sua passione», ispirandomi al discorso tenuto da J. H. Newman, dopo la sua conversione dall'anglicanesimo, che è un discorso ineguagliabile per precisione teologica e ricchezza di pietà.

Lo comunicai a Mary Gedda che ne fu lietissima.

La vidi poi, nella Cripta, tutta raccolta, con qualche lagrima a stento trattenuta, mentre parlavo della passione del Signore. L'argomento le aveva toccato il cuore, coronando le sue riflessioni sulla spiritualità getsemanica.

Terminata la celebrazione eucaristica, passò a dirmi: «Bisognerebbe parlare ai fedeli più spesso dei dolori mentali di Gesù, non limitarsi a quelli fisici. Mi rendo conto che i dolori fisici sono più facili a capirsi e colpiscono maggiormente i sensi tanto più che possono anche essere dipinti o raffigurati in qualche maniera, ma la verità è che Gesù ha sofferto gli uni e gli altri e che tra loro c'è uno strettissimo rapporto. Se vogliamo accostarci a Lui e prendere parte alle Sue pene, non dobbiamo fare tagli, ma sforzarci di capire tutte le dimensioni del dolore di Gesù».

Nel dirmi così, il suo volto appariva radioso come dinanzi ad un mistero svelato.

Rimasi tutta la giornata a riflettere su quanto mi aveva detto. Ci rifletto su anche adesso, e lo trovo esatto. Esatto e benefico in ogni senso.

Dopo il corso di esercizi spirituali, mi fermai qualche settimana. Mary Gedda m'aveva trasmesso – come dire? – qualche cosa del suo attaccamento al Santuario del Getsemani. Ella lo considerava un luogo privilegiato di meditazione perché le richiamava l'inizio della passione del Signore che rimane sempre la scuola più efficace per un progresso spirituale. Collegava con facilità sorprendente il Getsemani di Casale Corte Cerro con quello di Gerusalemme. Vedeva tra i due un misterioso filo al quale potevano aggrapparsi le persone che intendevano mettersi seriamente al servizio di Cristo.

Ricordo che in quei giorni un gruppo di persone della diocesi di Casale Monferrato venne al Getsemani per tenere delle riunioni di apostolato parrocchiale. Poco attente al richiamo del luogo, si abbandonarono ad un'allegria con canti, suoni e scherzi che non si confaceva all'ambiente. Mary ne soffrì assai. Ci voleva un rimprovero, sia pure garbato. Ma, da gran signora d'animo qual era, non disse una parola, si ritirò nella Cripta a pregare con maggiore fervore. La sera, incontrandomi, con estrema delicatezza mi espresse il suo disappunto perché quelle persone, per quanto buone e zelanti, non avevano capito che cosa era il Santuario del Getsemani, nel quale la statua di Gesù agonizzante ispirava ben altri pensieri e ben altri comportamenti.

Per le sofferenze fisiche dalle quali era oppressa mi venne di pensare che il Getsemani fosse una specie di «habitat» naturale di Mary, che poteva così unire visibilmente le sue a quelle di Gesù. Mi feci ardito e glielo dissi. Scosse il capo amabilmente quasi a perdonarmi quella impertinenza a cui mi ero lasciato andare. Vincendo, poi, la sua ritrosia a confidenze, sia pure spirituali, mi confidò che con l'andar degli anni le si andava chiarendo il significato delle parole di san Paolo: «Do compimento nella mia carne a ciò che manca alle tribolazioni di Cristo a vantaggio del Suo corpo, che è la Chiesa» (Col 1,24). «Prima – aggiunse – le leggevo, e basta; adesso cerco di viverle con gioia».

Arrossì, come per una confessione che non avrebbe voluto mai fare, conservandola in cuore per offrirla solo a Dio. Io non insistetti, lasciando cadere il discorso; ma, in quel momento, il testo dell'Apostolo, sul quale m'ero accanito molte volte con i sussidi dell'esegesi più esigente, mi parve animarsi, prendere corpo e colore in quella creatura fragile che mi stava dinanzi. Mary aveva capito, sotto l'influsso dello Spirito Santo, ciò che i teologi, affidandosi solo alle risorse della loro riflessione critica, spesso non comprendono affatto o comprendono parzialmente.

Mary Gedda, la cui vita paolinamente era «nascosta con Cristo in Dio», palpitava d'intenso amore per la Chiesa, e non per una Chiesa astratta o ideale, ma per la Chiesa del nostro tempo, divina pur nella debolezza dei suoi membri, nella vischiosità delle situazioni contingenti e nella complessità dei problemi. S'accendeva tutta quanta quando parlava della Chiesa. In cuor mio la definii, «una Caterina da Siena in miniatura», ma mi guardai bene dal dirglielo per non turbarla nel suo ardore per la santa madre Chiesa, di cui si dichiarava docile figlia.

Una volta la sorpresi che leggeva con crescente ammirazione la Costituzione *Lumen gentium* del Concilio Vaticano II, sottolineando le idee portanti e confrontandole con alcune posizioni dottrinali e pratiche, già diffuse nella comunità, che ne sfiguravano la natura o alteravano arbitrariamente il senso. Lo faceva notare non per una puntigliosa insofferenza verso le novità, ma perché non tollerava che l'insegnamento del Magistero subisse mistificazioni. Se le forze glielo avessero consentito, non c'è dubbio che l'avremmo vista parlare nelle piazze... Ma il Signore volle che Mary Gedda fosse il chicco di frumento che cade e muore nella terra, nascosto, per portare molto frutto. Il frutto sta già maturando nella coscienza di quanti hanno avuto consuetudine di rapporti con Mary, alla quale pensano come ad un modello di vita cristiana, degno d'essere studiato e imitato.

Il dottor Nino Badano, già direttore del settimanale *Giovane Piemonte*, dei giornali romani *Il Quotidiano* e *Il Giornale d'Italia*, autore dei libri *Giosuè Borsi* e *Ritorno in A. O., I primi giorni della*

Chiesa e gli ultimi, E abitò tra noi, traccia un arco fra la vita di Mary a Torino e a Roma:

> Via Musinè: era la casa di Luigi a Torino dove noi della Federazione abbiamo conosciuto Mary Gedda. Anche lei ha conosciuto e conosceva noi: l'assistente canonico Imberti, don Negri e poi Giusto, Maltarello, Carretto, Fusi, Santoni, Sabatini, Guarina, Vitrotto, Barale, Garavoglia, attraverso le telefonate che facevano cercando di lui tra un incontro e l'altro, le sere, in via Arcivescovado 12, dov'era la Federazione.
>
> Conoscevo Mary, che ci conosceva tutti dalla voce, quasi senza che ci fossimo visti, perché questo già allora era il suo modo di essere presente senza farsi vedere, di partecipare rimanendo nascosta, di seguire e di essere attenta e generosa collaboratrice del fratello, riuscendo sempre a non apparire.
>
> Erano gli anni del fervore organizzativo della GIAC, del *Giovane Piemonte*, delle riviste che Fusi inventava e che animavano le filodrammatiche delle nostre associazioni in quegli anni intensi di formazione e di lavoro.
>
> È stato un periodo che è finito prima che ci accorgessimo di averlo vissuto. A metà degli anni trenta la guerra d'Africa; poi è venuta l'altra tremenda che ci disperse nel mondo in prove diverse di vita, di esperienza e di dolore. Quando dopo il ritorno a casa ci siamo ritrovati attorno a Luigi, Mary era ancora accanto a lui, più silenziosa e riservata di prima.
>
> Erano gli anni in cui nascevano le grandi opere di Casale Corte Cerro, di Paestum, di Gerusalemme: la parte che Mary vi ha avuto è certamente un mistero che solo Dio sa, perché soltanto Lui conosce quanto nella realizzazione di quelle opere si deve alla sua collaborazione, alla sua fede e alla sua preghiera.
>
> I nostri rapporti in questi ultimi anni erano tornati come quelli di Torino, del tempo prima della nostra conoscenza. Non ci vedevamo; ci sentivamo in rare occasioni. Ogni tanto, con discrezione, chiamava al telefono e, sempre timorosa di apparire in prima persona, chiedeva a nome di Luigi, un pezzo per *Tabor*. Nessuno sapeva chiedere queste cose come lei; lo faceva con una delicatezza straordinaria, senza che mai sfuggisse una parola sulle sue condizioni di salute che andavano peggiorando.
>
> Nel giorno del suo funerale è stato evocato l'esempio edificante del-

la sua serenità nei trent'anni sempre più dolorosi di malattia. Ma nel ricordo che noi, della vecchia guardia, abbiamo di Mary Gedda la malattia è rimasta un sigillo di distinzione spirituale invisibile come era invisibile lei; un esempio indimenticabile di fedeltà, di operosità silenziosa, di nascondimento, di umiltà, di perfetta sottomissione alla volontà di Dio; virtù che il nostro tempo troppe volte ignora e di cui tutti noi più abbiamo bisogno.

Padre Raimondo Spiazzi, domenicano, direttore di *Idea* e collaboratore di *Tabor* mi descrive, in questa lettera, la sua memoria di Mary:

Caro Luigi,
volentieri ti confido il ricordo della tua e nostra Mary che serbo in me, sperando che queste mie brevi righe possano servire come testimonianza alla sua vita esemplare.

Come sai, i miei incontri con lei cominciarono all'inizio degli anni cinquanta, ed erano motivati dalla collaborazione alla rivista *Tabor* e in qualche modo alla stessa sua programmazione, che avveniva in belle riunioni di teologi, religiosi e amici romani, per i quali la tua casa, in quelle occasioni, era un magnifico punto di convegno.

Altre volte gli incontri erano più personali, ma sempre in ordine a iniziative di stampa e di spiritualità: in tali casi il discorso diventava più confidenziale e lasciava trasparire meglio la sua anima.

Da uno di quegli scambi di pensieri e di aspirazioni nacque il suggerimento di Mary di dedicare una serie di articoli ai doni dello Spirito Santo: articoli che integrati e sviluppati presero poi forma definitiva nel volume su Lo *Spirito Santo nella vita cristiana,* che ebbe allora due edizioni.

In seguito gli incontri divennero anche più frequenti, ma molto spesso per via telefonica, sia per lo stato di salute di Mary, sia per la sua discrezione nel chiedere che si attraversasse Roma per venire alla tua nuova abitazione di Largo Monti Parioli. Ma fino a poche settimane prima della sua morte mantenemmo i contatti e da parte mia posso dire che sentii sempre confermata in me l'impressione di lei che ebbi fin dai primi rapporti. Qui te la espongo in modo sintetico.

Dirò anzitutto che in tua sorella si percepiva un alto valore di intelligenza, di sensibilità e di spiritualità, ma contenuto come in una penombra di riserbo, che era segno di una signorilità schietta e disadorna, come mi sembra debba essere l'umiltà. Anche quando apriva maggiormente il suo cuore e confidava i suoi pensieri su uomini e cose, anche grandi, non smentiva la finezza, la delicatezza e il senso di rispetto caratteristici della sua personalità. Anche quando non nascondeva le sue perplessità, riserve e preoccupazioni dinanzi a comportamenti e ad avvenimenti che non potevano farle piacere, non trasgrediva quei limiti che altri, più disinvolti o più aggressivi, avrebbero sorpassato in parole e con i fatti senza ritegno.

Lo stesso stile di gentilezza, delicatezza e carità che direi sororale, gliel'ho visto seguire nei suoi rapporti col personale dipendente, dalle collaboratrici domestiche all'autista: e questo sia nel suo modo di trattare, sia nel parlarne per una qualsiasi ragione, anche la più banale.

Quanto al suo rapporto con te, ho sempre avuto l'impressione che avesse riversato nella tua persona l'immensa carica di affettività di cui disponeva, ma rivestita sempre di quelle doti che ho appena segnalate, sicché ti dedicava la sua vita e viveva in piena sintonia con te, indubbiamente, ma senza alcuna pretesa di «maternità» possessiva e vincendo anche il naturale istinto di proteggerti, di difenderti, di sottrarti ad attacchi e ad affronti, che certamente riprovava, col ricorso alla preghiera, che chiedeva insistentemente anche agli amici, per te.

Anche quando le condizioni di salute, che finirono col quasi immobilizzarla, limitarono ancor più le sue possibilità di lavorare con te, il suo cruccio era proprio questo, di non poterti aiutare, e anzi temeva di esserti di peso, di poter intralciare la tua opera, di darti nuove preoccupazioni, e si meravigliava e gioiva quanto tu le dicevi e le dimostravi che le cose non stavano così e che anzi era tutto il contrario. In ogni caso soprattutto in quegli anni essa portò a termine la trasfigurazione di sé e di ogni suo sentimento e pensiero in Cristo: nel Cristo del *Tabor*, ma anche e soprattutto in quello del Getsemani e della croce, che avevate seguito e amato insieme, bella coppia di sorella e fratello cristiani.

In quegli ultimi anni e mesi la sua oblazione a Cristo raggiunse vertici eroici, non tanto e non solo per il suo costante esercizio della pazienza, ma anche e soprattutto per lo spirito di abbandono e di accettazione – e insomma di oblazione – con cui seppe vivere, soffrire e morire.

Ero lontano da Roma in quei giorni. Seppi solo molto tempo dopo che Mary ci aveva lasciati. In quel momento, come ti telefonai subito, affiorò al mio spirito il ricordo di qualche episodio staccato, ma vi si fissò soprattutto il ricordo di un'anima: questa sintesi di una piccola storia di grazia divina in un vaso umano ben disposto, che ora ho cercato di formulare con parole molto inadeguate, certo, ma con l'amicizia che sai.

Il professore Gioacchino Santanché, «operaio» e sociologo così rievoca l'immagine di Mary:

Oggi – ed in modo crescente – siamo a contatto con persone velleitarie che «vorrebbero» fare il bene, ne esaminano gli aspetti da diversi punti di vista e nel tempo tardano moltissimo il passaggio dalle considerazioni ai fatti; non si decidono mai!

Quando Mary riteneva bene di fare una cosa non metteva tempo in mezzo, ma il minimo necessario, e non aveva riposo se ciò che doveva essere fatto non era fatto. Una concretezza che potremmo dire «operaia» non limitata a sé, ma offerta come contributo a chi si era impegnato a fare qualcosa per il bene... e poi con diverse motivazioni, o senza motivazioni, lasciava passare il tempo che è anch'esso un dono di Dio. Arrivava allora la telefonata della Mary che con la sua straordinaria e simpatica gentilezza, con delicatezza, adornava una altrettanto e forse più straordinaria forza di volontà: il bene va fatto bene e presto! Quando qualcuno – e Luigi lo sa più di ogni altro – chiedeva alla Mary qualcosa che lei prometteva di fare, non aveva mai bisogno di dirlo due volte: poteva considerare già fatta la cosa richiesta, perché poteva contare sulla tenacia e sulla volontà della Mary, temprata alla grande scuola della volontà di Dio.

Mi ricordo solo un'eccezione a questa regola. Le avevo chiesto – quando mi occupavo della segreteria della Società Operaia – una cosa semplice che lei stranamente non aveva fatto. Dico «stranamente» non per noi abituati ai rinvii..., ma per lei che non rinviava mai. Le telefonai per altri motivi, ma anche per chiedere notizia di ciò che attendevo. Mi rispose con l'abituale cortesia, scusandosi e dicendomi che avrei avuto quanto aveva promesso entro un determinato giorno e rispettò il suo impegno.

Allora non mi accorsi di nulla! Dopo qualche tempo il suo parroco don Mario di Sora, mi disse che si trovava nella stanza della Mary quando io avevo fatto quella telefonata. Le aveva portato la S. Comunione un'ora prima perché stava soffrendo una crisi acuta di dolori fortissimi... e si temeva per la sua vita: con uno straordinario autocontrollo aveva accettato la conversazione telefonica con me, riuscendo a non far trasparire la sua sofferenza...

Quando don Mario, testimone diretto, mi dette quella notizia mi sentii profondamente mortificato per aver chiesto alla Mary quello che non si chiedeva mai, perché la sua attenzione e la sua puntualità concreta superava ogni attesa. L'episodio mi servì di esempio straordinario e prezioso. «Ilarem datorem diligit Deus», lei offriva in letizia e senza lamenti tutto ciò che poteva.

Se penso come il mondo d'oggi trova giustificazioni nelle più brevi infermità o fastidi fisici per non fare il bene, vedo l'attualità dell'esempio della Mary che risponde con serenità e quasi con gioia al telefono mentre sta soffrendo una crisi di dolori acutissimi. Aveva fatto sua la scuola del Getsemani: l'accettazione del dolore come moneta di salvezza! Sapeva da Gesù che il bene costa e si paga.

La sua ricchezza interiore non era sua soltanto, né del fratello né della Società Operaia ma una ricchezza della Chiesa.

Il commento polifonico che ho raccolto chiude con una lettera confidenziale e singolare di Lorenzo Zanzotti, caporeparto della Società Operaia nella diocesi di Terni:

Caro Luigi,
a due anni dal giorno in cui la cara signorina Mary è andata a raggiungere il Padre nella casa celeste, mi decido a scrivere per manifestarti un po' di quello che sento.

Non scrivo per ricordarla in quanto ogni giorno nel recitare il rosario La ricordo insieme a mio figlio, ai miei genitori, a coloro cioè a cui sono legato da sentimenti di affetto e dai quali sono stato in vario modo beneficato.

Non penso che alla signorina Mary siano necessarie le mie preghiere di suffragio, in quanto sono certo che ella sia già nella beatitudine celeste ma per me è qualcosa come non venne altro in risposta che uno spontaneo: «Le manifesto la mia riconoscenza, coltivo la Sua amicizia, tengo acceso un colloquio che dura nel tempo oltre il tempo».

Ricordo che il giorno del suo funerale, in Sant'Eugenio, giusto due anni fa, pur nel dolore e nella commozione del momento e tra le manifestazioni di cordoglio dei tanti intervenuti, avesti la bontà di dirmi: «Ti voleva bene!». A me non venne altro in risposta che uno spontaneo: «Lo sapevo!». Lo sapevo infatti, e certamente Lei sapeva che gliene volevo anch'io, come del resto gliene volevano tutti coloro che avevano avuto con Lei un qualche rapporto; non si poteva conversare con Lei senza essere soggiogati dalla fede, dalla gentilezza, dalla cordialità, dalla concretezza che si sprigionavano da quell'esile martoriato corpo dalla forte personalità.

Ricordo ancora, e con grande emozione, che la mattina, dopo essere ritornato da Roma, nel ritirare la posta, restai sbalordito. C'era una sua lettera. Era un saluto, un ricordo, un monito, uno sprone che mi inviava dall'al di là?

Mi si dirà che non c'era niente di straordinario, che certamente era una lettera scritta e spedita «prima». Ma a me nessuno toglie dalla mente che con quella lettera Lei parlava a me «viva», come me l'avesse consegnata con le sue mani, guardandomi negli occhi.

Ed io vorrei che questa «immagine» fosse come una lettera scritta da Mary a ogni anima.

APPENDICI

1

TRIBUNALE DIOCESANO DEL VICARIATO DI ROMA

Discorso del cardinale Ruini alla chiusura del processo ordinario di Canonizzazione della serva di Dio Maria Gedda, laica della Società Operaia 31 ottobre 1995

Il 6 marzo 1992, in questa stessa Aula del Tribunale, si apriva formalmente la Causa di Canonizzazione della Serva di Dio Maria Gedda, Laica della Società Operaia, e oggi, con la Sessione di chiusura del processo diocesano, desidero sottolineare alcuni tratti del suo cammino verso la santità.

Maria Gedda, nata a Modane-Fourneaux (Francia) il 25 agosto 1906, da papà Giacomo e da mamma Marianna Calderoni, trascorse i primi anni della sua fanciullezza a Torino, città nella quale la famiglia si era trasferita, dove frequentò le scuole elementari presso l'Istituto delle Suore del Suffragio, nella cui Cappella ricevette per la prima volta Gesù eucarestia.

Rimasta orfana di madre in tenera età, seguì il padre, ispettore alle dogane, prima a Milano e poi, nuovamente a Torino, ove completò la propria formazione, conseguendo la laurea in Lettere, con una tesi sul pensiero di Cesare Balbo.

Durante la formazione culturale, le sue condizioni di salute divennero alquanto delicate, a motivo di una forte anemia.

La sofferenza fisica portò Maria a interpretare e a valutare il dolore nella sua dimensione redentiva, che ella, in seguito, trasformò in profonde meditazioni, sulle quali fondò il suo apostolato, costruendo, come «operaia» di Cristo, molte opere destinate al servizio della Chiesa.

Nel 1938, quando la seconda guerra mondiale era in procinto di coinvolgere l'Italia, Maria si trasferì con la famiglia a Roma per raggiungere il fratello Luigi, che era stato nominato da Papa Pio XI Presidente della Gioventù Italiana di Azione Cattolica.

Ella ebbe anche la possibilità di partecipare al ritorno della Sindone dal Monastero di Montevergine, luogo dove era stata portata in salvo (da eventuali offese belliche, a Torino, vegliando per una notte la sacra reliquia, che ella considerava come sintesi della sua spiritualità, dedicata al Cuore trafitto di Gesù e al Getsemani, secondo le indicazioni di Gesù a santa Margherita Maria Alacoque.

Nel 1942, collaborò con il fratello alla fondazione della Società Operaia, ispirata alla spiritualità del Getsemani, secondo l'espressione pronunciata da Cristo stesso: «Non mea voluntas, sed tua fiat».

Partendo da questa realtà, la spiritualità del Getsemani si articola in alcune principali linee direttive che si riferiscono ad altrettante parole di Cristo e alla sua preghiera rivolta al Padre nell'Orto degli Ulivi: «si possibile est transeat a me calix iste», e poi ancora «vigilate et orate mecum».

Come Operaia, Maria fiancheggiò il lavoro della Società con intelligenza, delicatezza, cultura, ordine, intuizione e con l'instancabile dedizione di cui era dotata, ma sempre pronta a defilarsi diligentemente e silenziosamente dopo un intervento determinante per la realizzazione del bene.

Era straordinaria la sua umiltà nel porgere un suo consiglio, un suo convincimento su realtà che per altri erano principi già saldi e radicati, ma che per il bene della «messe» era auspicabile modificare. Molto devono a lei le iniziative maturate nel periodo degli anni cinquanta-sessanta, come quella della redazione della rivista *Tabor*.

In un contesto ricco di spiritualità mediata, vissuta e tradotta in opere, non stupisce che Maria abbia pensato che anche le donne avrebbero potuto essere delle buone «operaie», utili per la mietitura della messe abbondante. Così, nel 1962, la Serva di Dio diede inizio alla Società Operaia Femminile, che successivamente confluì nell'unica Società Operaia, definita di diritto pontificio dal Pontificio Consiglio per i Laici nel 1981.

Nonostante i molteplici impegni che la occupavano non poco, la Serva di Dio si dedicò intensamente alla Fondazione del Getsemani di Casale Corte Cerro, di Paestum, di Vitinia e di Gerusalemme, addossandosi il lavoro immane, che tutto ciò comportava, con banche, architetti, scultori, cantieri e personale destinato a gestire dette istituzioni.

Questo testimonia lo spirito di genialità apostolica e di sacrificio da parte di una persona fragile di salute, ma di quotidiana ripresa per servire la volontà di Dio.

A Roma, la malattia si rivelò di natura osteopatica allorché si verificò una frattura spontanea del collo femorale, che le provocò l'irrigidimento funzionale dell'arto, obbligando la Serva di Dio a una lunga e sofferta degenza, dalla quale si riprese a fatica, ma sempre con esiti che limitavano la sua deambulazione e, particolare per lei singolarmente triste, le impedivano di inginocchiarsi in casa e in chiesa per recitare le sue preghiere.

Colpita, nell'ultimo periodo della sua vita, da emiparesi e costretta a rimanere in casa su una sedia a rotelle, riceveva ogni giorno l'eucarestia alimento della sua grandissima fede, che faceva accorrere nella sua stanza molte persone, sia aderenti al suo movimento e sia, ancor più, del vasto mondo cattolico, le quali si alternavano non solo per dimostrarle affetto e premura, ma anche perché sapevano di poter ricevere da lei esempio e consiglio per risolvere i loro problemi spirituali.

La Serva di Dio ha dato esempio di costante fortezza, sopportando con serenità, fin dalla giovinezza, i malanni sofferti nel corpo, ma offerti nello spirito oblativo del Getsemani.

Le note dominanti della spiritualità di Maria Gedda, infatti, sono da ricercare nella profonda sintonia con Cristo orante e sofferente nell'Orto del Getsemani.

La testimonianza offerta dalla Serva di Dio a quanti l'hanno conosciuta e frequentata, come i parroci dei luoghi dove abitava, i suoi direttori spirituali, i membri della Società Operaia ed altri, era tale da essere definita un esempio di obbedienza a somiglianza dell'immagine di Cristo proposta da San Paolo: «oboediens usque ad mortem, mortem autem crucis».

Il 29 gennaio 1985, all'età di settantanove anni, Maria Gedda concludeva serenamente la sua vita terrena ed entrava nel Regno degli eletti di Dio.

Oggi, vigilia della solennità di Tutti i Santi, la Serva di Dio Maria Gedda ci rilancia lo stesso messaggio di Cristo: «la messe è molta, ma gli operai sono pochi», proclamando a tutta voce che non vi è situazione culturale o professionale, né livello sociale o limite di età, né condizione di salute o di malattia che possa giustificare il fedele laico che non accoglie l'invito di Cristo a lavorare per il Regno di Dio.

Sono lieto che questa Causa sia giunta a conclusione ancora qui nel nostro Tribunale Diocesano, in un tempo così breve, grazie alla solerzia di Mons. Bella e dei suoi collaboratori.

Ci auguriamo che questo processo, ora che gli atti vengono trasmessi alla Congregazione delle Cause dei Santi, possa proseguire su un cammino quanto mai rapido, fino a una felice conclusione.

Vorrei anche approfittare di questa circostanza, per porgere un cordiale saluto e augurio al Prof. Luigi Gedda e alla sua consorte, e a tutti voi, che siete qui presenti, nella memoria di questa grande testimone di Cristo che è la sorella del Professore.

2

DISCORSO DEL CARDINALE PIETRO PALAZZINI

in occasione dei funerali di Mary Gedda
Roma, 30 gennaio 1985

Raccolti, qui ai piedi dell'altare, dinnanzi alla bara della Sig.na Mary Gedda, quanti siamo qui convenuti obbedienti al richiamo di vincoli di parentela, di affetto e di riconoscenza con Lei, la defunta, che cosa abbiamo inteso fare? Darle solo un mesto addio e lamentare la sua scomparsa, che crea un vuoto incolmabile nella vita del fratello, innanzitutto, e di quanti avevano con Lei consuetudine di vita? Sì, un addio cristiano; un tributo di mesto ricordo è pur doveroso, e non è negato anche al cristiano dar sfogo nelle lagrime al proprio dolore. Dopo la sua anima, la creatura umana non ha nulla di più nobile e di più profondo che le lagrime.

Quando la creatura umana non possiede più nulla: quando si trova impotente di fronte a eventi che la superano e la travolgono, ha ancora una risposta: gli restano le lagrime.

Iddio ha messo così in alto il prezzo delle lagrime: ha annesso tanta efficacia a questo dono misterioso che Egli stesso si lascia vincere dal pianto. Il Verbo di Dio Incarnato, Gesù Cristo, si è lasciato commuovere dalle lagrime della vedova di Naim, restituendo alla vita il suo unico figlio; si è lasciato vincere dalle lagrime di Pietro, concedendo non solo il perdono, ma dandogli il carisma del primato nella sua Chiesa. Egli stesso, fatto uomo, ha pianto sulla tomba di Lazzaro.

Quindi, quando al ricordo di quelli che non ci sono più, il rimpianto fa salire le lagrime dal nostro cuore, non è già un debole tributo che noi deponiamo sulle bare e sulle tombe dei nostri morti, perché deponiamo allora quello che c'è di più prezioso nelle nostre anime, nel nostro sentimento; quello che c'è in noi di più intimo e di più profondo.

Presentiamo allora l'offerta del cuore, diamo una testimonianza di amore.

Ma queste lagrime, che anche in parte ci consolano, a che cosa servono per quelli che noi piangiamo?

Si piange su una bara, su una tomba, cioè sulle soglie dell'eternità; ma questa soglia le nostre lagrime non la possono superare, non la passeranno mai.

Ora, perché non fossimo ridotti a non poter offrire ai nostri morti altro che lagrime sterili (ricordi impotenti), Iddio ha messo nel nostro cuore e sulle nostre labbra, qualche cosa di ben più efficace e fecondo, qualcosa che penetra oltre questo mondo e, attraversando il luogo di prova, porta freschezza, luce, pace, ai nostri defunti: ha messo la preghiera.

La preghiera è ben più feconda delle lagrime, ha ben più valore dei ricordi; per la preghiera non vi sono ostacoli, non vi sono distanze non vi sono limiti. Il cielo si apre dinanzi alla voce della preghiera.

La preghiera ottiene tutto, trionfa su tutto. È l'onnipotenza supplice. Egli stesso ce lo ha assicurato, il Figlio di Dio, Cristo benedetto! «Pregate ed otterrete». Perciò, in questa pur dolorosa circostanza quanti abbiamo conosciuto e apprezzato la defunta ci siamo adunati in questa chiesa, ci siamo adunati dinnanzi all'Altare di Dio, per ricordarla pregando.

La ricordiamo davanti a Dio, perché, Padre di infinita misericordia, accolga l'offerta del Sangue di Cristo in propiziazione e suffragio per la sua anima.

La ricordiamo, pregando, anche se, specie per le persone che le erano più vicine per vincoli di sangue e di amicizia resta aperto un dolore e un rimpianto che nessuno al mondo potrà rimarginare; ma solo il Dio di ogni consolazione. Solo Lui può colmare il vuoto di chi ci viveva accanto, e non è più e con la sua scomparsa interrompe anche per noi tutta una consuetudine di vita.

Chi l'ha conosciuta, sa bene quale era il suo impegno cristiano nell'umiltà e nel silenzio. Sa bene il suo zelo apostolico, specie a mezzo della stampa, della rivista *Tabor*, con cui giustamente pensava di raggiungere quanti, non riusciva, anche per le sue condizioni fisiche, a raggiungere di persona. E mentre nella sofferenza e nel dolore affinava la sua anima, aveva nella rivista un pulpito, da cui bandire la Parola di Dio. E, perché la Parola di Dio fosse sempre più lucente e luminosa, essa scompariva sempre più nel silenzio.

Nessuno (o ben pochi) si avvidero, pertanto, della sua illuminata competenza come scrittrice, della sua umana e cristiana disponibilità, delle sue doti di spirito e di cuore.

È passata così facendo del bene, nascondendo ai più le sue doti, il suo impegno di lavoro, la sua volontà, il suo sforzo di operare il bene, il suo sforzo di trascinare sé e gli altri nell'impegno cristiano e ascetico.

Lo faceva senza risparmio di forze e di tempo.

Poi la fine, che ha riempito tutti, fratello, cognata, parenti e noi di profondo dolore.

Ma chi mai può penetrare a fondo il mistero della vita e della morte? Solo Dio, che ci segue con la sua misericordia in tutte le nostre vicende; ci segue da Padre.

È appellandoci alla Paternità di Dio, che ci ama anche quanto ci prova, ricordiamo qui, accanto all'altare la Sig.na Mary Gedda.

Il cristianesimo non è inumano: la morte è il massimo dei dolori, la separazione dalle persone care è la più tremenda delle angosce. Ma nel cristiano questo dolore è lenito dal pensiero di una misteriosa presenza, che continua oltre la morte, e che ne esalta le virtù perché un giorno possa essere glorificata.

La morte, che, nella sensibilità, dà la tristezza dell'assenza, nella fede dà la dolcezza di una presenza vera, più sicura di quella che la vita garantiva. Perché i morti non appartengono alla variazione del tempo, superano i limiti dello spazio, tolgono la confusione dei numeri e delle date. Se si ha fede nella vita come prova, si deve averla nella morte come promozione, perché è un culmine, un passaggio. Ed è ancora la fede a parlarci del misterioso legame che unisce vivi e defunti con un meraviglioso scambio di aiuti nella preghiera, suffragante degli uni, intercedente degli altri.

Oggi rievochiamo la figura della Sig.na Mary Gedda, per pregare con Lei, offrire per Lei le nostre preghiere e per chiedere a Lei di ricordare tutti noi presso il trono di Dio.

E per noi il più grande conforto, l'espressione di Gesù: «Sarete tristi, ma la vostra tristezza si trasformerà in gioia e nessuno (questa gioia) potrà rapirvela».

La differenza sostanziale nell'interpretare la vita e gli avvenimenti, fra chi crede e chi nega, è che i credenti sanno che il «reale è nell'invisibile» e gli altri si ostinano disperatamente ad aggrapparsi al visibile.

Per noi il lutto è un rito e le lacrime una lavanda purificante.

Al mondo, che, fra passato e futuro, si aggrappa a ciò che vede e tocca, noi diciamo che siamo sostenuti dalla sicurezza in quello che non vediamo.

Diamo ai sensi il loro tributo, ma dominiamo la vita con certezza che vincola i sensi.

A ogni morte che esperimentiamo nelle nostre file è una crescita in pienezza che proviamo, sorpassando la vertigine del vuoto che ci tenta.

Parola di Gesù: «Sarete tristi, ma la vostra tristezza si trasformerà in gioia e nessuno (questa gioia) potrà rapirvela».

3

HANNO DETTO DI LEI COSE ALTISSIME

Lo scritto di Luigi Gedda contiene numerose testimonianze di quanti conobbero Maria da vicino e riuscirono ad entrare nelle profondità della sua spiritualità. Qui, di seguito, riprendiamo qualche stralcio ulteriore, di rapido breve o lungo spazio, per dilucidare la memoria, mentre siamo in attesa del giudizio della Chiesa sulla eroicità delle virtù della serva di Dio Maria Gedda.

1. Amleto Agostino Maltarello, docente in genetica umana e medicina del lavoro: «Fragile nel fisico, ella mi apparve sempre dotata di una singolare fortezza di carattere, sostenuta dalla preghiera, dalla intensa pratica sacramentale, dalla profonda vita interiore»

2. Sebastiano Albertini, coniugato, pensionato: «...Fu sempre persona di grande fede, di frequenza ai Santi Sacramenti e di devozione "getsemanica" ed eucaristica».

3. Ildo Avetta, architetto, ponente della causa di beatificazione: «Secondo me l'attualità del messaggio della serva di Dio è il valore umano e soprannaturale della vita di ogni uomo, in qualunque forma essa è vissuta».

4. Gioacchino Santanché, dottore in giurisprudenza: «Il messaggio della serva di Dio è legato al suo esempio: la sofferenza ac-

cettata con animo lieto e vissuta in unione con le sofferenze di Gesù nel Getsemani».

5. Benito Forte, coniugato, pensionato: «La serva di Dio è stata una persona fatta preghiera».

6. Emanuela Coppola, vedova: «Notavo che nelle nostre preghiere getsemaniche e durante la S. Comunione, il suo viso assumeva un'espressione di profonda dolcezza e di pace interiore».

7. Luigi Calderoni, cappellano del santuario del Getsemani a Casale Corte Cerro: «Era una donna di preghiera. Spesso l'ho vista pregare in chiesa, al Getsemani di Casale Corte Cerro, dove partecipava alla messa quotidiana».

8. Maria Elena Crociani, religiosa delle Domenicane di San Sisto Vecchio a Roma: «Le sue parole esprimevano sincerità, semplicità e umiltà di cuore».

9. Paolo Parisi, professore di biologia generale a Roma – Tor Vergata: «Mi sembra che la serva di Dio lasci al nostro tempo una chiara testimonianza d'impegno spirituale, di docilità all'assolvimento dei propri compiti, di serena e perfino gioiosa accettazione delle prove della vita».

10. Giovanni Fallani, vedovo, direttore dell'agenzia Servizio Informazione Religiosa: «Era notoria, nell'ambito della Società Operaia, l'eroicità con cui la serva di Dio accettava il suo stato di malata».

11. Vittorio Bellucci, giornalista: «Per giudizio comune la serva di Dio era ritenuta una santa già in vita».

12. Francesco Di Raimondo, membro del collegio medico della Congregazione delle Cause dei Santi: «In base alla mia esperienza, ritengo che il messaggio che la serva di Dio potrebbe dare al mon-

do laicale di oggi è una forte attenzione al Cristo sofferente e un'accentuata fedeltà alla Chiesa in quanto istituzione gerarchica».

13. Fernando Santosuosso, giudice costituzionale: «In tutta questa sua attività in favore della salvezza delle anime, la serva di Dio era particolarmente sensibile e docile al Magistero della Chiesa».

14. Domenico Andreani, endocrinologo: «Ritengo che il peculiare messaggio della serva di Dio potrebbe essere la serenità e la docilità di accettazione della propria condizione, specialmente delle sofferenze».

15. Andrea Maria Deskur, cardinale: «Io ritengo che la serva di Dio, dopo la morte, goda di fama di santità. Io, personalmente, la ritengo una santa e, come tale, ne invoco l'intercessione».

16. Pietro Palazzini, cardinale: «Innanzitutto, colpiva nella serva di Dio, il suo alto sentire di Dio, della fede, della Chiesa. Si aveva l'impressione che ella vivesse di continuo in una visione soprannaturale delle cose».

INDICE

Stampa: 2005
Società San Paolo, Alba (Cuneo)
Printed in Italy